GENIOS DEL MUNDIAL 2026

Genios del Mundial 2026
De niños a cracks

Primera edición: marzo, 2026

D. R. © 2026, Alberto Lati

D. R. © 2026, derechos de edición mundiales en lengua castellana:
Penguin Random House Grupo Editorial, S. A. de C. V.
Blvd. Miguel de Cervantes Saavedra núm. 301, 1er piso,
colonia Granada, alcaldía Miguel Hidalgo, C. P. 11520,
Ciudad de México

penguinlibros.com

D. R. © 2026, Luis Guzmán Atilano, por las ilustraciones de interiores y portada
Colin Landeros, por el diseño editorial y de portada
Maquetación: Ana Paula Dávila

ISBN: 978-607-387-046-7

Impreso en México – *Printed in Mexico*

RONALDO
MESSI
GENIOS
DEL MUNDIAL 2026
ALBERTO LATI

ALBERTO LATI

Nació en la Ciudad de México en 1978. Es periodista y conductor de televisión, viajero y escritor, políglota y conferencista. Durante sus más de 30 años de trayectoria ha entrevistado a los mejores deportistas de la historia, así como a mandatarios, activistas, músicos, actores, íconos culturales y ganadores de Premios Nobel. Ha cubierto seis Copas del Mundo y seis Juegos Olímpicos de verano, lo mismo que finales de Champions League, Serie Mundial, *Super Bowl* y los eventos deportivos más importantes.

En 2013 publicó *Latitudes. Crónica, viaje y balón*, reeditado como bestseller en 2016 (Debolsillo), al que añadió su novela *Aquí, Borya* (Grijalbo, 2018). Además, ha publicado en Ediciones B *100 genios del balón. De niños a cracks* (2019), *100 dioses del Olimpo. De niños a superhéroes* (2020), el libro digital *20 pelotazos de esperanza en tiempos de crisis* durante la pandemia (2020), *Genios de Qatar. De niños a cracks* (2020), *100 Glorias de México. De niños a campeones* (2024) y *La apasionante historia de los Mundiales. (De 1930 a 2026). Anécdotas, grandes estrellas y curiosidades* (2025).
Tras explorar en varios de sus libros anteriores la infancia de los mejores futbolistas y atletas de todos los tiempos, en este volumen lo hace con las mayores figuras que apuntan a la Copa del Mundo 2026. ⚽

En 1994, última ocasión en que la Copa del Mundo pisó territorio norteamericano, resonaba por los estadios estadounidenses, de costa a costa, la canción oficial del torneo, "Gloryland".

Melodía que con los años se consolidó como la menos popular en la historia moderna de los Mundiales (por no decir la peor), muy por debajo de clásicos como "Un'estate italiana" (Italia 1990), "The Cup of Life" (Francia 1998) o "Waka Waka (This Time for Africa)" (Sudáfrica 2010).

Su tono lento, ese coro al estilo góspel, su fallido intento de épica, no lograron conectarla con los tradicionales ritmos futboleros, más orientados a percusiones o batucadas, a cánticos o clamores de victoria. Como sea, y por mucho que tenga escasa recordación, su letra proyecta conceptos que definen bien lo que movió en la infancia a quienes, años más tarde, levantarían la Copa FIFA.

"Con hambre en el corazón y fuego en el alma. Con la pasión elevándose alto, sabes que puedes alcanzar tu meta. Cree en lo que haces y llegarás directo a la tierra de la gloria". Palabras que, sin duda, identificamos con los relatos que compartimos a lo largo de las páginas de *Genios del Mundial 2026*.

A través de los libros que pertenecen a esta ya amplia familia (*100 Genios del Balón*, *100 Dioses del Olimpo*, *Genios de Qatar*, *100 Glorias de México*) he confirmado esa lista de ingredientes que se repite más allá de épocas, culturas e incluso deportes: voluntad de luchar y de ninguna manera rendirse, perseverancia, ambición, disciplina, autoexigencia, mejora continua.

Como ya dije antes, desde que en 2018 inicié con estas publicaciones, cada que observo una obra de arte en la cancha, necesito comprender la historia del futbolista que la creó, indagar por sus orígenes, dimensionar a lo que se ha enfrentado, hurgar en su pasado. Por eso mantuve el subtítulo, *De niños a cracks*, interés por la precuela que antecedió a la película que ya se conoce: la de la gesta actual.

Todos los genios del balón, como el común de los seres humanos que han destacado en cualquier rubro, experimentaron determinados rechazos y se vieron obligados a superar no pocos obstáculos. Sin excepción, los *cracks* de los que hablo aquí, sufrieron y titubearon. Hubo limitaciones, pobreza extrema, incertidumbre, sacrificios personales y familiares, esfuerzos sobrenaturales, lesiones. Sin excepción, también, todos ellos se sobrepusieron.

Pensemos en Cristiano Ronaldo, suplicante de hamburguesas que nadie había comprado para tapar el estómago. Pensemos en la madre de Lamine Yamal efectuando malabares para que el pequeño jugara. Pensemos en Moisés Caicedo vendiendo velas en las calles de Santo Domingo. Pensemos en Lucho Díaz encontrando un camino por vía de la Copa América de pueblos indígenas. Pensemos en Ousmane Dembélé recibiendo burlas todavía dos años antes de ganar el Balón de Oro. Pensemos en Dibu Martínez coleccionando negativas de varios equipos. Pensemos en Mo Salah brillando en un partido al que los visores acudieron para analizar a otra promesa egipcia. Pensemos en Raúl Jiménez desplomado y con fractura de cráneo. Pensemos en Raphinha atorado aún a los 17 años en la muy desafiante liga Várzea de las más bravas favelas brasileñas. Pensemos en el pánico de Mbappé por jugar por primera vez en un estadio. Pensemos en Modrić como niño escapado de la guerra. Pensemos en Erling Håland descoordinado ante el súbito estiramiento de su cuerpo. Pensemos en Lionel Messi inseguro de quién pagaría las inyecciones para su crecimiento y, décadas después, inseguro de si crecería… pero el palmarés de su selección.

No todos los grandes del futbol terminan por triunfar en el campeonato máximo, como lo es el Mundial, mas imposible rebatirlo: la Copa FIFA es el único trofeo que por sí solo modifica por completo la percepción histórica de lo que ha sido un futbolista.

Como sucedió cuatro años atrás, cuando publiqué *Genios de Qatar*, no hay certeza de que los astros aquí reunidos se impongan en ésta, la primera justa disputada en tres países. Cada Copa del Mundo ha tenido sus sorpresas, ya sabemos que la pelota actúa en modos tan misteriosos como el destino. Sí hay certeza de que sus biografías, como las de la mayoría de quienes se consagran en el deporte, encierran algo más trascendente que goles, atajadas, gambetas. Encierran inspiración, modelos a seguir, ejemplos de resiliencia. A final de cuentas, como la vida misma, de eso se trata el Mundial: festejar y emocionar, cohesionar y hermanar, gritar y llorar, aunque antes, inspirar.

Treinta y dos años después, la "Gloryland" norteamericana abarca también canchas mexicanas y canadienses, desde Guadalajara hasta Vancouver, de Los Ángeles a Toronto, de México a Miami, de Monterrey a Kansas. Sin importar que aquel coro en góspel del Mundial 1994 hoy apenas sea recordado, lo clamado por su letra está presente: cumplir sueños como los Genios de este libro, pelear por ellos como harán en esta Copa del Mundo. En la tierra del ancestral juego mesoamericano de pelota y hacia el norte, la gloria espera.

CRISTIANO **RONALDO**

EL INSACIABLE BICHO

Jugar futbol en Funchal, en las islas Madeira más cercanas geográficamente a África que a Europa, se hace complicado. Al ser territorio volcánico, abundan las pendientes y no hay superficies planas. Por ello, Cristiano Ronaldo descubrió el balón en callejones tan inclinados y pedregosos como su panorama: pobreza, un papá con problemas de alcoholismo, dificultades.

En una frágil casa de techo de lámina y goteras cada que llovía, el menor de los Dos Santos Aveiro dormía apretado con sus tres hermanos mayores, aunque pasaba poco tiempo entre esas tambaleantes paredes: con o sin permiso siempre estaba afuera, jugando con los vecinos, utilizando botellas de plástico como pelotas, practicando sus disparos contra la fachada.

Carencias tan grandes como la voluntad para no doblegarse. Su madre, que en su juventud había emigrado a Francia para ganar dinero limpiando casas, trabajaba como cocinera todas las horas posibles para comprarle zapatos de futbol.

Un deporte que entró en la vida de Cristiano antes de que él se enterara. Su primera comunión inició con demora, porque el CF Andorinha tuvo partido ese día y ahí su padre era utilero.

En cuanto la familia notó que el niño disponía de semejante talento, fue integrado al propio Andorinha. Recibió un par de apodos: uno, despectivo, por llorar cuando no le compartían la pelota o algo salía mal; el otro, descriptivo, "Abelhinha" o "Abejita", por su movimiento incesante por la cancha.

Cuánto habrá destacado que a los 10 años ya se pagó un traspaso por él: 20 balones y 30 uniformes lo llevaron al Nacional de Madeira, donde el futbol se empezaba a convertir en cosa seria.

Al cabo de dos años, su fama se extendió hasta la remota Lisboa y el club Sporting lo hizo subir a su primer avión para una prueba: ya sólo regresó a Funchal por su escasa ropa.

Tan joven y tan reivindicativo: si alguna vez cayó rebotado por su delgadez, comenzó a ingerir doble ración de sopa; si algún entrenador lo consideró débil, se metió por la ventana al gimnasio en plena madrugada para fortalecerse; si escuchó burlas por su acento isleño, retó hasta a la maestra del colegio; si llegó tarde a un pase, echó carreras contra los coches para elevar su explosividad; si experimentaba hambre al anochecer, acudía a locales de comida rápida a suplicar alguna hamburguesa que sobrara; si padeció una arritmia cardiaca a los 15 años, superó la intervención y volvió más poderoso.

A los 19 años se ganó la titularidad con su selección en la Eurocopa 2004. Insaciable en su afán de mejorarse y mantenerse, no dejó de ser faro de disciplina y tenacidad en la cima. ⚽

LUKA **MODRIĆ**

DE LA GUERRA A LA GLORIA

NACIÓ EL 9 DE SEPTIEMBRE DE 1985

SUBCAMPEÓN MUNDIAL EN RUSIA 2018

BALÓN DE ORO EN 2018

SEIS CHAMPIONS LEAGUE CON REAL MADRID

En medio del sereno ir y venir de cabras, un niño rubio de cinco años avanzaba con autoridad apoyando la mano derecha sobre una rama.

De su abuelo, con quien recorría incansable esas laderas, había adquirido el nombre y las enseñanzas para ser pastor. Le fascinaba llamarse Luka como ese tierno anciano al que adoraba y con el que pasaba largas horas entre ganado en la montañosa aldea de Modrići, de donde surgiera ancestralmente su apellido.

Ni sueños de goles, ni ambición de millones, ni interés en el caos político que rodeaba a Yugoslavia en sus últimos estertores, a los Modrić les bastaba con esa tranquilidad rural.

Cuando tenía seis años, esa vida terminó. Estallaban las guerras balcánicas y, como consecuencia, paramilitares serbios tomaban diversas regiones de la Croacia que estaba por nacer. Entre ellas, esa aldea en la que sería asesinado el abuelo Luka.

Sin tiempo para llorar un mínimo luto, los Modrić huyeron de una casa en llamas a la vecina ciudad de Zadar. Desplazados, fueron alojados en un hotel. ¿Cuántos amaneceres verían en ese extraño edificio? ¿Volverían a su hogar destruido y quemado?

Mañana y noche, Luka pateaba un balón en el *lobby*, por los pasillos, en el estacionamiento. Más de una ventana sucumbiría a la furia de su pierna derecha, como si a punta de remates el niño sacara tanto dolor.

Cierto día, un directivo del NK Zadar lo descubrió juguteando con la pelota y lo invitó a su equipo. Nadie destacaría más que Luka en esa academia, entrenamientos frenados de manera intempestiva por las alarmas de bombardeos. Sus padres no hablaban de la guerra, aunque la realidad era tan evidente como la nostalgia por lo perdido.

En 1997, Croacia se reconstruía inspirada en su primera gran selección como país independiente con Davor Šuker como líder. Emocionado por las semifinales a las que llegaron los croatas en Francia 1998, Luka intentó quedarse en su club predilecto, el Hajduk Split, mas lo rechazaron por su diminuto tamaño. En 2001 el Dinamo Zagreb lo recibió con amplias dudas. Para comprobar si con tan poco cuerpo podía subsistir, lo prestaron a la ríspida liga bosnia. Ahí triunfó. Aún sin creerle, lo cedieron a otro equipo croata. Ahí deslumbró.

Con el contrato que le ofreció el Dinamo, Luka compró a su familia un apartamento. Los Modrić al fin dejaban el estatus de refugiados. Si el abuelo le enseñó a ser pastor, el nieto anotó ese nombre compartido como mejor futbolista de un Mundial.

De dominar los montes entre cabras a hacerlo en la media cancha, las ruinas de esa casa en Modrići se transformarían en monumento nacional. ⚽

LIONEL MESSI

LA PULGA ATÓMICA

NACIÓ EL 24 DE JUNIO DE 1987

CAMPEÓN MUNDIAL EN QATAR 2022

CUATRO CHAMPIONS LEAGUE
(2006, 2009, 2011 Y 2015)

OCHO VECES BALÓN DE ORO

La última bocanada que Aniceto Messi aspiró al dejar la localidad italiana de Recanati, lo impregnó de arte y sensibilidad: se marchaba, para nunca volver, de la considerada Ciudad de la Poesía…, y poesía iba a hacer su descendiente a 11 mil kilómetros de esa costa del Adriático: poesía con el balón.

Un siglo después, en Rosario, al otro lado del mundo, Celia Cuccittini, protegía como a nadie al más chico de sus nietos, a su vez tataranieto del aventurero Aniceto. Su nombre, Lionel, en honor del cantante estadounidense Lionel Richie.

Cada tarde, el pequeño se quedaba junto a la cancha pateando una pelota de goma, mientras sus hermanos jugaban. Cierto día faltó un niño y la abuela pidió al entrenador que lo incluyera. Le respondió que no era buena idea, que tenía cuatro años, tres menos que los demás. Al ver que Leo esperaba con ojos cristalinos, Celia insistió. Admitieron ponerlo en la banda, pegado a ella, para que lo cargara en caso de llorar. Eso pudo suceder con el primer balón, escurrido bajo su piernita derecha. No así en el segundo, que tomó para driblar a todos.

Corrió la voz de que en el Club Abanderado Grandoli actuaba el nuevo Maradona. El asombro no hallaba límite… como tampoco lo había en la duración de los duelos dominicales entre las calles rosarinas de 1.º de mayo y Lavalleja. Impregnados de olores a asado, los primitos se enfrentaban sabiendo que el menor, Leo, al que apodaban "Pulga", hipercompetitivo, sólo aceptaría terminar hasta que él ganara.

A los siete años, ingresó a las categorías infantiles del Newell's, debutando con cuatro goles. Un equipo arrollador, con Lionel como sol, al que se llamó "La Máquina del 87".

Sin embargo, en ese *sprint* hacia la cumbre, surgió un problema: resultaba evidente su diferencia en estatura respecto al resto, medía 1.27 metros.

A los nueve años inició un tratamiento médico. Su familia pagó el dineral que costaba, hasta que la crisis en Argentina los dejó sin posibilidad y buscaron opciones. Al ser probado por River Plate a mediados del 2000, anotó un cúmulo de goles, mas el conjunto bonaerense se negó a solventar las inyecciones.

Entonces viajaron a Barcelona. El tímido Leo demoró más en atreverse a hablar con sus compañeros que en golear. Con los Messi urgidos de una garantía, el cuadro blaugrana les firmó un compromiso en una servilleta.

Muy pronto, el Camp Nou se habituaría a la imagen de Lionel dedicando sus goles al cielo: todos en tributo a la abuela Celia que consiguió que le permitieran jugar y murió sin ver esos poemas dignos de Recanati con los que Lionel se elevó en Qatar a campeón mundial. ⚽

RIYAD MAHREZ

EL DIAMANTE OCULTO

- NACIÓ EL 21 DE FEBRERO DE 1991
- CAMPEÓN DE LA COPA ÁFRICA EN 2019
- GANADOR DE LA CHAMPIONS LEAGUE EN 2023
- GANÓ LA PREMIER LEAGUE EN 2016 CON LEICESTER CITY

رياض
محرز
رياضي

Riyad buscaba respuestas en la mirada de su hermano mayor, Wahid, implorando despertar de esa pesadilla. Con 15 años perdía a su padre, Ahmed, ese hombre que parecía invencible.

Un infarto fulminante, aunque con antecedentes. En su juventud, Ahmed jugó futbol en su natal Argelia hasta que un problema cardiaco lo obligó a retirarse y mudarse a Francia donde le colocaron un marcapasos.

Se instaló en uno de los suburbios más bravos en la periferia de París, Sarcelles. Reenfocó su vida como electricista, mientras se casaba con una mujer de Marruecos, Halima, quien a su vez limpiaba un hospital. Riyad, su segundo hijo, heredaría de papá la pasión futbolera y por esa patria argelina dejada 1,300 kilómetros al sur, cruzando el Mediterráneo.

Como Ahmed, Riyad exhibía gran técnica, pero no era el más prometedor delantero en la cancha Philippe Christanval, llamada en honor de un defensa de Sarcelles que llegara al FC Barcelona. Varios de sus compañeros fueron detectados por clubes profesionales. No así él que apenas tuvo una aproximación del St. Mirren escocés, periodo de prueba del que escapó al pasar semanas sin respuesta y no soportar el helado clima.

A los 18 años el Quimper de cuarta división francesa lo reclutó. Necesitaba 160 euros para el traslado.

Sin entender cómo, Halima, que malabareaba cada centavo para alimentar a la familia, los juntó. Abrazándola, juró que se los devolvería multiplicados.

Después de una gris temporada, la cantera de Le Havre lo contrató. Riyad recibía críticas por personalista, frágil, por su caos táctico. Debutó en segunda división ya rumbo a los 21 años sin que se le augurara demasiado. Entonces lo contactó un equipo del ascenso en Inglaterra, el Leicester City, del que nunca había oído hablar.

A seis meses de su arribo, resultó vital para conquistar la Championship y subir a Premier League. En Sarcelles pensaban que se trataba de otro Mahrez, incrédulos de su desempeño. Argelia lo convocó para el Mundial 2014 y Riyad no dudó: ese era el único uniforme que amaba.

Claudio Ranieri, veterano DT italiano, lo esculpió en Leicester. Mentor y psicólogo, le dio orden y utilidad para el colectivo. Lo elevó en todo sentido.

En 2016 ejercía un rol protagónico en la mayor hazaña histórica de la Premier: ¡el humilde Leicester campeón con Mahrez como cerebro! Francia lamentaba no poder alinearlo, los tiburones europeos se lo peleaban y el City ganaba la puja pagando 80 millones de dólares por él.

Riyad cumplió a papá los goles que imaginaran en Sarcelles. Fue cierto, devolvió multiplicado aquel pasaje de tren a mamá. ⚽

RAÚL ALONSO JIMÉNEZ

EL LOBO DE TEPEJI

NACIÓ EL 5 DE MAYO DE 1991

MEDALLA DE ORO EN LONDRES 2012

MÁXIMO GOLEADOR DEL
WOLVERHAMPTON EN LA
PREMIER LEAGUE

DOS COPAS ORO (2019 Y 2025)

Desde Tepeji del Río, los Jiménez se asomaban al mundo. Con mamá y papá como sobrecargos de aviación, a diario los niños memorizaban un nuevo destino. Ciudades en Latinoamérica, EUA, Europa que, para el primogénito, Raúl Alonso, se traducían en equipos de futbol. Máxime que la canchita en la que entrenaba, a 15 kilómetros de casa, en Cd. Cooperativa Cruz Azul, se denominaba Wembley, como la de Londres.

Cuando estaba por cumplir seis años, sus padres le avisaron que se mudarían a la capital porque el tráfico dificultaba su traslado al aeropuerto. Se instalaron en la Jardín Balbuena, vecinos a esas pistas de las que constantemente despegaban.

Lo inscribieron en las fuerzas básicas de Cruz Azul, club predilecto de su papá, también llamado Raúl (de hecho, sus tres hijos portarían ese nombre). Sólo por encontrarse muy lejos de casa, buscaron algo más cerca y llegaron al América.

Por esas fechas, Raúl Alonso viajó a Madrid con su padre y visitó el Bernabéu. Al enterarse de las gestas de Hugo Sánchez, aseguró que él sería el delantero mexicano del futuro.

Año con año se consagraba campeón de goleo en la cantera águila. Los rivales no decían que iban contra su equipo, sino contra Raúl. En vano intentaban marcarlo entre tres. Pese a tan precoz fama, el niño se mantenía tranquilo y callado.

Con la adolescencia surgieron dos problemas. El primero, que no crecía y perdía ventaja al jugar. El segundo, que se juntó con chicos menos comprometidos y se contagió. Luego de una sesión en el bosque de Tlalpan en la que Raúl Alonso se negó a correr, Guillermo Huerta, su entrenador, le advirtió que si no cambiaba lo daría de baja.

El muchacho asimiló el mensaje a la misma velocidad con que su cuerpo en ese instante estiró. A los 14 años acudió a un certamen infantil en Perú y quisieron quedárselo. A los 16 pasó igual tras brillar en un torneo en Brasil. En los dos casos, sus papás insistieron que se iría de México sólo hasta formarse como persona. Eso sucedió a los 22 años, cuando el Atlético de Madrid lo adquirió. Para entonces ya había ganado el oro olímpico –en Wembley, como el de sus inicios en Hidalgo– y ya había sido bicampeón con América.

Se rebeló ante cada desafío: para salvar al Tri en 2013 con un gol de chilena, para ser titular en Europa, para consolidarse en Inglaterra, para volver de una espeluznante fractura de cráneo que amenazó su vida y lo obligó a un periodo de rehabilitación tan largo como incierto. Sereno y concentrado en su futbol, como en los tiempos de Tepeji, lucharía para recuperar su mejor versión y seguiría celebrando goles en la Premier. ⚽

SADIO MANÉ

BALLONBUWA

- NACIÓ EL 10 DE ABRIL DE 1992
- CAMPEÓN DE ÁFRICA EN 2021
- GANADOR DE LA CHAMPIONS LEAGUE 2019
- CAMPEÓN DE LIGA EN AUSTRIA, INGLATERRA Y ALEMANIA

Un grito rebotaba entre las chozas de la aldea de Bambali, en la frontera de Senegal con Guinea-Bisáu: ¡"Ballonbuwa, Ballonbuwa"!, traducible como mago del balón.

Así apodaban al pequeño Sadio, célebre por su habilidad dominando toronjas y pateando cualquier cosa que rodara, aunque mucho más por ser hijo del respetado imán o líder islámico de Bambali. Guía espiritual que desaprobaba el futbol y deseaba que su descendencia heredara su vocación religiosa.

Cierto día, cuando Sadio tenía siete años y jugaba en la calle uno de sus eternos partiditos, escuchó una conmoción que tardó en comprender. Se petrificó al entender que el bullicio se debía a la muerte de su papá. Durante los meses anteriores, el imán había padecido dolores atenuados con medicina tradicional. Al recrudecer su condición intentaron trasladarlo al hospital más cercano, a un par de pueblos, y en el trayecto desgraciadamente falleció.

En un sitio marcado por la extrema pobreza, Satou, mamá de Sadio, se enfrentó a la dificultad de alimentar a su familia. Cultivo, venta de productos agrícolas, trueque, lo que fuera con tal de llevar comida a la mesa.

Incluso en tan apremiante situación, Sadio aún soñaba con ser futbolista. En un minúsculo televisor veía repeticiones de la Premier League y se visualizaba en esas canchas tan distintas a las que conocía. Ilusión multiplicada por el pase de la selección senegalesa a cuartos de final en el Mundial 2002. Sus pies descalzos continuaban gambeteando con toronjas, mas ahora se imaginaba que era el delantero El Hadji Diouf.

A los 15 años escapó a la capital Dakar, 400 kilómetros al norte, para buscar quién lo entrenara. Localizado una semana después, regresó deprimido a Bambali, pero su madre al fin autorizó que siguiera su pasión.

Sadio volvió a la gran ciudad. Pese a su timidez y estupefacción con tantos coches, investigó la dirección de los equipos. Al llegar caminando a un club, los visores se sorprendieron con su ropa y calzado, inadecuados para el deporte. Sin pena, explicó que eran sus únicas prendas. En cuanto arrancó por la banda y se quitó a dos defensas le suplicaron que se quedara.

Ahí ingresaría al proyecto Génération Foot, apoyado por cazatalentos europeos. Así, a los 19 años, lo detectó el Metz francés.

Todo aquel que lo dirigió se impactó ante su humildad, respeto y ética de trabajo. Ballonbuwa no paró de hacer magia.

Ya siendo figura del Liverpool, en esa Premier de sus fantasías infantiles, construyó en Bambali el primer hospital de la región. En el triste recuerdo, su padre y esa muerte que debió evitarse. ⚽

THIBAUT COURTOIS

LA JIRAFA-PULPO

NACIÓ EL 11 DE MAYO DE 1992

DOS CHAMPIONS LEAGUE CON REAL MADRID

GUANTE DE ORO EN EL MUNDIAL 2018

PREMIO YASHIN 2022 AL MEJOR PORTERO DEL MUNDO

En el pequeño jardín de esa casa en la localidad de Bree, a escasos minutos en coche de la frontera de Bélgica con Alemania, resaltaba una red… pero no colgada de tres postes para formar una portería, sino al centro habilitando una cancha de voleibol.

Una familia orientada de lleno a este deporte. Los papás, Thierry y Gitte, se habían conocido jugando voleibol profesional, forjando un hogar en el que se mezclaban idiomas, siendo el padre francoparlante y la madre de habla flamenca.

Ante esa red parecía notorio el talento de la primogénita, Valérie, cuyo poderoso saque la llevaría a la selección belga de voleibol. Lo lógico era que Thibaut, el segundo de tres hijos, siguiera su camino, aunque a los cinco años se entercó en probar el futbol y hasta hizo un berrinche para que le permitieran integrarse al club Bilzerse.

Lo colocaron como lateral izquierdo y destacó poco. Amagó con volver al voleibol y en algún momento coqueteó con moverse al ciclismo. A los ocho años pasó a la academia del Racing Genk donde se gestaría una revelación. Reparando en su estatura, siempre por encima de los demás, el entrenador le sugirió ponerse de portero. Se desató un milagro. El niño educado desde la cuna a brincar frente a una red, a poseer sensibilidad y fuerza con las manos, a lanzarse para salvar del bote una pelota, encontró las piezas que lo completaban como futbolista.

A los 16 años, ya midiendo más de 1.90 metros, se convirtió en el sexto guardameta del Genk. En cuestión de días fueron vendidos dos, se lesionaron otros dos y resultó suspendido el restante. Thibaut debutó en primera división, mas de inmediato retornó a la banca. Con 18 años tomaría en definitiva la titularidad y guiaría al equipo al campeonato, consagrado mejor arquero del torneo.

El Chelsea pagó 10 millones de dólares por él pensando en el futuro, pues Petr Čech era su portero. Thibaut fue prestado al Atlético de Madrid con el que no tardó en ser vital para levantar trofeos, incluida la Supercopa europea contra el propio Chelsea que lamentaba no tenerlo.

A los 22 años al fin atajaría para los *blues.* Cuatro años después, tras recibir el Guante de Oro del Mundial 2018, regresó a Madrid, pero ahora para defender el arco merengue. Ahí sus prodigiosos reflejos se traducirían en los títulos más importantes, como la Champions de 2022, para muchos la actuación más determinante de un guardameta en una final, o la de 2024, recuperándose en tiempo récord de una fractura.

Si su origen dictaba que la pelota de voleibol no puede tocar la red, su leyenda se fraguó volando para que el balón no tocara sus redes. ⚽

MOHAMED SALAH

EL FARAÓN DEL GOL

NACIÓ EL 15 DE JUNIO DE 1992

GANADOR DE LA CHAMPIONS LEAGUE EN 2019

DOS VECES SUBCAMPEÓN DE LA COPA ÁFRICA

TERCER GOLEADOR HISTÓRICO DEL LIVERPOOL

No resultaba común que el visor de un equipo profesional se acercara al pueblo de Nagrig, en el Delta del Nilo, donde burros y búfalos deambulaban entre los coches. Hasta ahí fue a parar Reda con la intención de observar a un adolescente llamado Sharif. Se conformaron dos cuadros para verlo en acción, siendo necesario rellenar con un par de niños de menor edad. Cuando desesperaba pensando que tan largo viaje era un desperdicio, capturó su mirada un flaquito de cabello rizado que no tenía que estar ahí al apenas contar con 12 años.

Sin tiempo que perder, Reda telefoneó al club Al Mokawloon. Con tono arrebatado gritó que se olvidaran de Sharif y se aprendieran otro nombre: Mohamed Salah.

Ante la incomprensión al otro lado, exclamaba que no darían crédito a los remates de zurda que brotaban de tan menudito cuerpo, insistía que esa joya aceleraba como atleta olímpico.

La academia del Mokawloon ofreció un sitio a la sorprendente promesa. Para integrarse al equipo, Mo tendría que salir temprano del colegio, recorrer más de cuatro horas transbordando hasta cinco veces, entrenar a cada tarde en las instalaciones ubicadas en El Cairo y volver otras cuatro horas en diversos autobuses para llegar antes de medianoche a casa en Nagrig. Así de exhaustiva sería su vida por cinco días a la semana durante más de un año.

Cuando se quejaba, su padre, Ghaly, le explicaba que todo *crack* debió superar diferentes desafíos y que si de verdad deseaba ser futbolista ese era el camino.

Al cabo de un año, notando la positiva evolución de Mohamed, pero también el cansancio que lo hacía quedarse dormido cada que se sentaba, el club le brindó alojamiento de manera permanente. Eso incluía un cuidado con la alimentación que hasta entonces Mo no había seguido. Además, ya sin prisa por regresar de inmediato a su pueblo, instauró sesiones de gimnasio que lo dotaron de mayor fortaleza. Pronto ganó masa muscular y elevó todavía más su explosividad al conducir por la banda.

A los 17 años debutó en primera división. No obstante, la liga egipcia frenaría en medio del caos por la caída del dictador Hosni Mubarak y la consecuente violencia desatada en estadios de futbol. Convocado por la selección que disputaría los Olímpicos de Londres 2012, Mohamed enfrentó al Basilea de Suiza. Metió dos goles y los helvéticos, impresionados, lo compraron. De ahí pasaría al Chelsea, mas sin recibir opciones reales de mostrarse. Tras ir prestado a Italia, el Liverpool se lanzó por él.

Su segunda estancia en Inglaterra resultó muy distinta, Mo se convertiría en leyenda histórica de Anfield. ⚽

EMILIANO MARTÍNEZ

EL HEROICO DIBU

NACIÓ EL 2 DE SEPTIEMBRE DE 1992

CAMPEÓN MUNDIAL EN QATAR 2022

CAMPEÓN DE AMÉRICA EN 2021 Y 2024

PORTERO DEL AÑO SEGÚN
LA FIFA EN 2022 Y 2024

Por varios minutos, Emi esperó ansioso un jalón en la caña de pescar. Cuando al fin sintió el tirón, acaso una corvina o un chucho, levantó tan rápido que rompió la caña.

Con apenas cinco años, descubría la paciencia como primera lección. Inevitable comprenderla guiado por Beto, su padre, quien a diario navegaba por Mar del Plata y vendía lo pescado por el puerto en una vieja camioneta.

Pesca y futbol. Alejandro, su hermano dos años mayor, gustaba tanto de rematar que puso a Emi de portero… y de la portería ya no salió, favorecido por su gran estatura. Tan espigado como para que los rivales protestaran su edad creyéndolo mayor.

Todavía con olor a sal, Beto volvía de los mares para pelotear con sus hijos. Al notar que Emiliano terminaba con los codos y rodillas desgajados, le puso un viejo colchón para que se aventara sin riesgo en cada caída. Lo mismo, atoraba el balón en altas ramas para obligarlo a saltar.

Las carencias los hacían vivir con lo mínimo, su madre, Susana, limpiaba casas. Cuando a Beto le sobraban unas monedas, compraba unas calcetas o lo que hallara de futbol. Escondía el regalo tras la espalda y, sin entender cómo, Emi siempre atinaba en qué mano estaban para quedárselas.

A los 10 años fue rechazado por Boca y River. El tamaño de ese niñote intimidaba, aunque parecía torpe y lento. Siguió jugando en Mar del Plata hasta que Independiente le ofreció una oportunidad. Se mudó a Buenos Aires. Apenas vería a sus padres, inasumible el costo de la gasolina para visitarlo. Ahí lo apodaron "Dibu" por su parecido con un personaje animado de cabello rojizo y pecas.

Tras su buena actuación con la selección sub-17, atajando penales a Brasil, el Arsenal lo incorporó a su cantera. Al cabo de un par de años lo prestaron al Oxford de cuarta categoría condicionando su permanencia a destacar en un escaso partido. Recibió tres goles y volvió. Entonces lo cedieron a cinco clubes más. En todos se halagaba su disciplina. También en todos se quedó esperando algo mejor.

Fue hasta 2020, ya con 27 años, que jugó con asiduidad en la Premier League, aunque el Arsenal prefirió a otros arqueros. Lo adquirió el Aston Villa, con el que debutó parando un penal. Todo cambió.

En la selección argentina estaba destinado a la banca hasta que el meta titular, Franco Armani, padeció covid. Dibu, armado por la paciencia instruida por los mares, tomó ese arco y ya no lo soltó.

Heroico, adivinó penales hasta en la final del Mundial para poner a la Albiceleste en la cima. Intuición sobrenatural como cuando atinaba en qué mano ocultaba su padre los regalos. ⚽

GRANIT XHAKA

ÁGUILA HELVÉTICA

- **NACIÓ EL 27 DE SEPTIEMBRE DE 1992**
- **CAMPEÓN MUNDIAL SUB-17 EN 2009**
- **DOS FA CUPS CON ARSENAL**
- **CAMPEÓN DE LA BUNDESLIGA CON B. LEVERKUSEN**

XHAKA
10

Nada bueno podía presagiar la abrupta violencia con la que fue abierta la puerta de ese pequeño dormitorio en Pristina, hoy capital de Kosovo, por entonces, años ochenta, parte de Yugoslavia. La policía arrestaba a Ragip acusándolo de rebelión, aunque el crimen del veinteañero había sido acudir a una marcha exigiendo al régimen comunista democracia y autonomía para los kosovares.

Durante más de tres años padecería torturas en la cárcel. Logró ser liberado gracias a la presión de organizaciones de Derechos Humanos. Al salir descubrió que estaba vetado para todo trabajo. Frustrado e incierto, decidió con su novia Eli que se mudarían.

Terminaron en Suiza porque para allá iba un transportista que les ofreció llevarlos.

Mientras aprendía a hablar alemán y pasaba por empleos en la construcción o como jardinero, la familia creció. Primero nació Taulant, año y medio después Granit, traducible como granito, alusión a la entereza que esperaban heredara de papá (a eso se añade que el apellido Xhaka en albanés significa duro o valiente).

Los hermanos jugaban futbol con una pelota hecha de calcetas viejas. Inicios en los que dejaron daños como una lámpara que reventó justo en la cara de Granit, marcándolo con una cicatriz.

Eso obligó a desplazar sus partiditos al parque St. Johanns de Basilea, donde un anciano que los observaba maravillado les sugirió integrarse al FC Concordia Basel. Ahí se consolidaron; el de mayor edad como infranqueable medio defensivo, el menor como volante omnipresente. El FC Basel les puso el ojo y saltaron a sus divisiones inferiores. Las expectativas se dispararon cuando Granit se coronó con la selección suiza en el Mundial Sub-17 de 2009.

El mismo verano de 2012 en que Taulant pasó al Club Grasshoppers de Zúrich, Granit fue transferido al Mönchengladbach de la Bundesliga alemana. Los dos hermanos portarían el dorsal 34, recordando el número del autobús que los trasladaba a entrenar. Sin embargo, algo más de sus caminos sería distinto. Granit brillaría en el equipo de Suiza, Taulant lo haría con el de Albania. Así se enfrentarían en 2016, de nuevo rivales como en los duelos callejeros de la infancia, sólo que esta vez en plena Eurocopa de naciones.

Granit llegó al Mundial 2018 ya como renombrado futbolista del Arsenal. El sorteo de grupos decretó que se encontrara con Serbia, enemiga máxima de la independencia de Kosovo y de algún modo heredera del país que encarcelara a Ragip tres décadas antes. Al anotar en el segundo tiempo, celebró formando con las manos el águila bicéfala albanesa. En un zapato mostraba la bandera suiza, en el otro la kosovar. ⚽

HARRY KANE

THE HURRIKANE

NACIÓ EL 28 DE JULIO DE 1993

CAMPEÓN DE GOLEO EN RUSIA 2018

SUBCAMPEÓN EUROCOPA 2021 Y 2024

CINCO TÍTULOS DE GOLEO ENTRE
PREMIER LEAGUE Y BUNDESLIGA

El entrenador preguntó que quién quería ponerse de portero. Al notar que nadie alzaba la mano, un niño rubio de cabello a rape se ofreció con timidez. Sus atajadas hicieron que todos pensaran que esa era su posición.

Ya estaban aceptando a Harry como guardameta del equipo de menores de seis años del Ridgeway Rovers, cuando con voz bajísima explicó que lo suyo era meter goles. Desconfiaron de su palabra hasta que vieron que en la delantera resultaba incluso mejor. Así se incorporó al club infantil que más representaba para él. Precisamente, donde inició su idolatrado David Beckham, en cuyo mismo colegio, el Chingford al norte de Londres, estudiaría Harry.

Al cabo de un año, el Arsenal se fijó en sus remates y lo invitó a su academia. Sensación rara para alguien enamorado del acérrimo rival, el Tottenham Hotspur, aunque imposible negarse a la escuelita de un grande de la Premier League.

Cierto día, su padre, un irlandés llamado Pat, lo abrazó mientras caminaban por el parque. Con serenidad le platicó que el Arsenal lo cortaría de su equipo sub-9 por considerarlo gordo. Renuente a buscar culpables, Pat enfatizó: "No te preocupes. Trabajaremos más fuerte y encontraremos otro club".

Sin embargo, el Tottenham lo rechazó en una nueva prueba y Harry sólo consiguió integrarse al Watford. Curioso destino porque a los 11 años mostró su poderío enfrentando justo a los Spurs y, aún en la cancha, este conjunto le abrió las puertas: vestiría los colores de sus sueños.

Al llegar se entregó al máximo, siempre dispuesto a entrenar más. Se quedaba horas extra para sublimar sus disparos y movimientos, para pulir su definición. Las dudas que suscitaba su cuerpo desaparecieron. Harry comenzó a crecer y ganar masa muscular. Eso, más su humildad y espíritu de sacrificio, eran la mezcla perfecta.

Antes de debutarlo, el Tottenham lo prestó a varios lados. Con 19 años estuvo a punto de abandonar el futbol. ¿Cómo pensar en destacar con los Spurs en Premier League si ni siquiera era titular con el Leicester City en segunda?

Fastidiado del futbol, empezó a seguir la NFL. Por casualidad se topó con una entrevista en la que Tom Brady describía su sentir al haber sido elegido en el sitio 199 del *draft*. La respuesta del *quarterback* ante la adversidad se incrustó en el goleador: como él, transformaría el ninguneo en motivación, se esforzaría todavía más.

Apenas cuatro años después, su desempeño en la Premier convertía a Harry en capitán de la selección inglesa para la que anotaría más veces que nadie en la historia. En la Bundesliga continuaría tan depredadora saga con el Bayern. ⚽

SÉBASTIEN HALLER

SUPERVIVENCIA

- NACIÓ EL 22 DE JUNIO DE 1994
- CAMPEÓN DE ÁFRICA EN 2023
- SUBCAMPEÓN DE LA CHAMPIONS LEAGUE EN 2024
- TÍTULOS CON EINTRACHT Y AJAX

La voz del cantante marfileño Meiway resonaba en la cocina mientras Simone Kuyo preparaba alloco, platillo típico del oeste de África. Por un instante, se sentía fuera de ese gris suburbio al oeste de París, Ris-Orangis, y de regreso en el pueblo de Gagnoa, en Costa de Marfil, del que emigrara.

El timbre la sacó de la ensoñación africana. Ante la puerta, el entrenador de judo preguntaba por Sébastien, el menor de los hijos de Simone. La mujer se enteraba de que su pequeño, con su inocente carita, llevaba un rato sin aparecerse por el tatami.

Lo encontró jugando futbol, justo el deporte que le había prohibido, temerosa de que lo acercara a malos hábitos en ese barrio bravo. Lo sorprendió celebrando un gol como su ídolo, el *crack* marfileño Didier Drogba, festejo ahogado al descubrir tras la portería a su madre hecha una furia. Esa noche hablaron sobre no mentirse, sobre educación y sobre anhelos. Entonces Sébastien insistió en que soñaba con meter goles por toda Europa.

Simone concedió. Al día siguiente, el niño se despidió del judo y se inscribió en el club Vigneux, donde les costó creer que con semejante estatura apenas tuviera nueve años. Cuatro años después lo reclutó un equipo profesional, el AJ Auxerre.

No tardó en trascender a nivel nacional su capacidad para rematar al arco. La sub-17 francesa lo convocó para el Mundial de México 2011. Titular, llamativo con sus casi

1.90 metros, destacaba en la cancha. Ley de Murphy, en octavos sucedió lo que temía: enfrentar a la Costa de Marfil de sus raíces. Pese a que disfrutó ganar, pensó que acaso los colores del rival al que eliminó eran los que más amaba.

A los 21 años empezó su gira por varios clubes. Pasó por el Utrecht neerlandés, el Eintracht alemán, el West Ham inglés y, en 2021, el Ajax con el que destrozó récords goleadores. Ahí solicitó el One Time Switch que permite un cambio de selección por futbolista. No más portar el uniforme azul de Francia, jugaría para la tierra de mamá.

En 2022 el Borussia Dortmund lo compró como reemplazo de Erling Håland. A pocos días de su presentación, sintió un dolor en el abdomen que los médicos no se explicaban. Los análisis dieron la peor noticia: Sébastien tenía un tumor testicular.

Sin delación fue operado y comenzó quimioterapias. Exhausto, débil, con el cuerpo punzando y la mente aterrorizada, no faltó a una sesión física, convencido de que necesitaba fuerza y condición para volver pronto al futbol. Lo logró en sólo seis meses.

Al año anotaría el gol que coronaba a Costa de Marfil en la Copa África. En sus zapatos se leía un mensaje contra el cáncer al que derrotó. ⚽

JOSHUA KIMMICH

ROTTWEILER EN LA CANCHA

NACIÓ EL 8 DE FEBRERO DE 1995

GANADOR CHAMPIONS LEAGUE EN 2020

DOS VECES JUGADOR ALEMÁN DEL AÑO

NUEVE BUNDESLIGAS GANADAS EN
DIEZ TEMPORADAS CON EL BAYERN

DEUTSCHER FUSSBALL-BUND
DFB
125

Por accidente se enteró Berthold Kimmich de que la única cancha cercana a su pueblo iba a modernizarse. Sin dudarlo, suplicó a los dueños que le permitieran quedarse con los postes.

Mirándolo como si estuviera loco, le arrojaron esas reliquias a la banqueta. Con ellas, su hijo, Joshua, formaría un terreno de juego pegado a casa. No sólo las porterías, incluso pintó líneas y habilitó gradas con deshechos. Emoción desplomada cuando, cierto día, un vecino compró ese descampado. Desde su ventana observaba cómo se demolía y aplanaba el rectángulo en el que solía gritar goles. Imposible de doblegar, encontró un nuevo espacio junto a donde vivían los abuelos para rehacer la cancha.

Radicaban en Rottweil, aldea de menos de 2,000 habitantes en la Selva Negra alemana, cuyos orgullosos residentes comparten gentilicio con la raza canina *Rottweiler* ahí surgida. Perros incisivos, inteligentes, tenaces.

Como imbuido de esas características, Berthold entrenaba al equipo de esa localidad, encabezado por Joshua. ¿Cuál era la posición de ese chaparrón al que se referían como Josu? Lo mismo de lateral, medio defensivo, diez, delantero, en todos lados cumplía como el mejor.

A los ocho años anotó tres goles a los infantiles del Stuttgart, que, sorprendidos, le ofrecieron un lugar. Sus padres declinaron la opción, pareciéndoles prematuro. Por años el cuadro suabo insistió al grado de mandar hasta la puerta de Berthold a su coordinador. Finalmente, los Kimmich aceptaron. Eso implicaba que a cada amanecer papá lo llevara a entrenar, dos horas de autopista diarias, coche convertido en comedor y escritorio para tareas.

A los 14 años, Joshua se mudó a la academia de este club, donde era el primero en limpiar mesas y cocina, además de mantener espléndidas calificaciones escolares. En determinado punto, se estancó y presionó a sus directivos buscando una solución.

Sucedió que justo el entrenador que antes lo recibiera en Stuttgart, ahora trabajaba en Leipzig, proyecto de Red Bull ascendido a tercera en ese 2013. Con 18 años, llegó lesionado. Por meses no pudo integrarse a sus compañeros. Al escucharlo deprimido, su madre, Anja, quiso visitarlo. Respondió que no, que resolvería por sí solo esa etapa. Se focalizó en su mentalidad y lo logró. Al subir al RB Leipzig a segunda, siendo elegido una de las mayores promesas de Alemania, lo fichó el Bayern.

En el conjunto bávaro todo se aceleró. Titularidad, selección, trofeos. Ejemplo de perseverancia y resiliencia, digno hijo de Rottweil, destacó donde lo necesitaron, luchó como al reconstruir, de niño, su cancha en medio de la Selva Negra. ⚽

RODRI HERNÁNDEZ

UN TIPO NORMAL

NACIÓ EL 22 DE JUNIO DE 1996

BALÓN DE ORO EN 2024

CAMPEÓN DE LA EUROCOPA 2024

GANADOR DE LA CHAMPIONS
LEAGUE 2022-2023

Acalorados dentro del autobús y aburridos en la espera, los jugadores del Villarreal se miraban con incomprensión. Enfrentarían en la liga española a su rival regional, el Club Valencia, y no podían salir porque faltaba un futbolista. Precisamente, el que se distinguía por su puntualidad.

Mientras tanto, a unos kilómetros, en el dormitorio de la Universidad Jaume I, Rodri estudiaba con los ojos pegados a la computadora. Giró el rostro hacia un libro y se espantó al ver de soslayo, en su teléfono, decenas de llamadas perdidas y mensajes acumulados. ¡Se había olvidado del partido!

Un veinteañero que se diferenciaba de sus compañeros de estudios por sólo beber agua mineral y negarse a desvelarse, pero también resaltaba en el medio futbolístico por no descuidar su vida académica. Además, sorprendía su sencillez, ya como profesional se desplazaba en bicicleta del aula al entrenamiento y de vuelta.

Nieto de médico, hijo de ingeniero, Rodri fue criado así en Villanueva de la Cañada, a 30 kilómetros del corazón de Madrid. Alumno modelo lo mismo en el colegio que en el equipo local. Le afectaba muchísimo jugar mal un cotejo de futbol. Pasaba hasta dos días sin hablar, analizando en su cabeza lo que urgía corregir.

A los 10 años se integró a un club vecino, el Rayo Majadahonda. Su gran desempeño al lado de unos hermanos franceses, Lucas y Theo Hernández, empujó al Atlético de Madrid a amarrar a los tres niños en paquete.

Rodri llegaría a las instalaciones colchoneras con su mochila escolar a la espalda y luego a la escuela en Villanueva de la Cañada con su bolso deportivo. Contaba con todas las virtudes deseadas por sus directores técnicos salvo por estatura, algo extraño considerando que sus padres eran altos.

Nadie se esforzaba como él en la cantera atlética. La rehabilitación de una grave lesión le complicó la titularidad y, sin amilanarse, multiplicó trabajos hasta alcanzar la plenitud, instando a sus entrenadores a que le indicaran qué mejorar.

Pese a todo, a los 16 años el Villarreal se lo llevó. Ahí se estiró a un ritmo vertiginoso hasta superar los 1.90 metros. Sin que se supiera que era futbolista en la universidad en la que se inscribió, debutó en primera y propició que el Atleti lo recuperara pagando 25 millones de dólares. Cifra que, tras una temporada, quedó pequeñísima: el City puso 80 millones por él.

En Mánchester haría historia. Anotaría el gol que valió la primera Champions del equipo y se graduaría a distancia en la universidad. El volante que abarca terreno como criatura anormal, seguiría aferrado a una vida normal. ⚽

RAPHAEL DIAS

RAPHINHA

SAMBA EN LAS VENAS

NACIÓ EL 14 DE DICIEMBRE DE 1996

DOS LIGAS CON EL BARCELONA

MEJOR JUGADOR DE LA LIGA ESPAÑOLA 2024-2025

CAMPEÓN DE PORTUGAL CON SPORTING

Con el rostro escondido detrás del tambor que cargaba, el *tantã* medular para el sonido de la samba, ese niño de siete años no podía creer lo que tenía ante los ojos: ese vestíbulo de entrada era más grande que la totalidad de su casa. Todavía no salía del asombro cuando vio de frente al dueño de la mansión: un risueño Ronaldinho, recién coronado en el Mundial 2002, lo tomaba de la mano y lo guiaba por la inmensa propiedad.

Raphinha estaba ahí porque Maninho, su papá, había sido contratado para tocar con su grupo, Samba Tri, en la fiesta del futbolista. Se conocían dado que provenían de la misma favela que Dinho, Restinga, 20 kilómetros al sur de Porto Alegre.

Vivo ejemplo de que el balón puede sacar a un joven de la miseria, rumbo tan distinto al que trágicamente iban siguiendo muchos amigos de Raphinha, las bandas delictivas.

La necesidad apremiaba. Muchas veces acababa sus partiditos y, con el estómago gruñendo de hambre, pedía por la calle que alguien le regalara algo de comida o unas monedas.

A los 17 años, edad en la que muchos ya son estrellas, continuaba jugando en la liga informal Várzea: canchas de terracería, porterías sin red, un cuadro diferenciado del otro al no vestir playera, amenazas de apostadores antes de cada cotejo. Lo habían rechazado todos los equipos de Porto Alegre por su débil fisonomía.

El Club Avaí, a seis horas de casa, fue la única opción. Su velocidad y drible resultaban notables, mas le faltaba regularidad. Para colmo, sufrió una grave lesión que lo llevó a decidir retirarse. Llamó a sus padres para explicarles que lo dejaba y su mamá le respondió con una condición: asumir de inmediato cualquier empleo, nada de andar de vago por la favela (mujerón que predicaba con el ejemplo trabajando como manicurista, peinadora, mesera y vendedora de perfumes).

A los 20 años disputaba un torneo juvenil sin imaginar que Deco, leyenda del Barcelona y entonces promotor, lo observaba. Extraño destino, Raphinha se iría al futbol portugués sin siquiera acercarse a la primera división brasileña. En el Vitória Guimarães maduró. Implementó una disciplina que le permitió adquirir mayor fuerza, sin perder el volcánico carácter que exhibía desde Restinga. Venía una montaña rusa. En 2018 se marchaba al Sporting de Lisboa, en 2019 al Rennes francés, en 2020 al Leeds inglés y en 2022, por más de 60 millones de dólares, al Barcelona.

El camino, que tardó demasiado en despuntar, terminó siendo meteórico como si siguiera el ritmo de las percusiones de Maninho sobre el *tantã* en la más abrasadora de las sambas. ⚽

LUIS DÍAZ

ORGULLO GUAJIRO

- NACIÓ EL 13 DE ENERO DE 1997
- SUBCAMPEÓN DE LA COPA AMÉRICA 2024
- CAMPEÓN DE LA PREMIER LEAGUE EN 2025
- COSTÓ 86 MDD AL BAYERN MÚNICH

Durante su etapa como futbolista *amateur*, Luis Manuel era apodado "El Mané" por el nombre de pila del gran Garrincha. Driblador empedernido como el brasileño, años después terminaría trabajando como asistente de cocina a la vez que en las noches tocaba canciones de vallenato. Eso cambió cierto día al observar a niños jugando en las calles de la localidad guajira de Barrancas. Ante la incomprensión de su familia, dejó todo para fundar un equipo infantil. Le llamó Club Baller por las primeras letras de Barrio Lleras, un juego para sonar al poderoso Bayern de Alemania.

Cada que se marchaba a un entrenamiento, su hijo Luis lloraba suplicando acompañarlo. Niño tan veloz que nunca lo sorprendió vecino alguno cuando traviesamente tocaba a su timbre con los amiguitos y salía corriendo antes de que lo lograran ver. En ese terreno empedrado Luchito se imaginaba que era Ronaldinho, aunque qué distante lucía esa posibilidad. Parecía como si lo único que interesara al resto del país de ese rincón caribeño de Colombia, fuera el carbón de sus minas y de ninguna manera el talento futbolístico.

Lucho se hizo adolescente sin que nadie se fijara en sus condiciones. A los 16 años se conformaba una selección para la Copa América de pueblos indígenas. Dados sus ancestros pertenecientes a la comunidad wayúu, lo eligieron primero a nivel local, luego a escala regional y, por último, el legendario Carlos Valderrama, entrenador del equipo nacional, lo incluyó en el representativo que sería subcampeón en el certamen en Chile.

El Atlético Junior de Barranquilla, a seis horas de casa, lo detectó. Su quebradizo cuerpo desalentaba a los instructores, pero más tarde reparaban en su habilidad con la pelota y decidían que debían fortalecerlo. Ya no estaba en edad de sub-17 y la sub-20 le quedaba lejana, así que inventaron una sub-18 para que esa flacucha promesa continuara su camino.

Cuando no se le veía en la cancha, era porque trabajaba en el gimnasio. Además, aprendió a alimentarse de modo adecuado. Subió ocho kilogramos en poco tiempo sin que eso mermara su explosiva arrancada y movilidad.

A los 20 años debutó en primera división. Dos años después se lo llevó el Oporto portugués. Otros dos años y el que lo buscó fue el Liverpool, con el que conquistaría la Premier League. En 2025 emergía el Bayern para ficharlo por 86 millones de dólares. Del Baller de Barrancas al Bayern de Múnich, de la Copa América 2015 de pueblos indígenas a la Copa América 2024 en Estados Unidos, su cadencioso futbol honraría al vallenato tocado por Mané y adorado en La Guajira. ⚽

FRENKIE DE JONG

SANGRE ORANJE

- NACIÓ EL 12 DE MAYO DE 1997
- CAMPEÓN DE LIGA EN PAÍSES BAJOS Y ESPAÑA
- JUGADOR NEERLANDÉS DEL AÑO DE LA EREDIVISIE EN 2019
- COSTÓ 90 MDD AL BARCELONA

El más típico molino neerlandés, ese que los turistas buscan en vano en el centro de Ámsterdam, se encuentra asomado al río Linge en la diminuta localidad de Arkel.

Ante ese molino podemos imaginar resonando los acordes del himno ochentero, "Relax", de la banda británica Frankie Goes to Hollywood. Tanto como para que John y Marjon decidieran nombrar a su primer hijo como la agrupación. Frenkie, por sólo moverle una letra.

John jugó 780 cotejos con el equipo del pueblo, el ASV Arkel, hasta ascender a sexta categoría, aunque se le conocía mucho más por multar al que se estacionara mal. Marjon trabajaba en servicios de salud.

Demasiado ocupados para llevar a entrenar a ese niño rubio a una hora de Arkel, cuando a los ocho años el club Willem II Tilburg detectó su inusitada visión con el balón y le brindó una oportunidad. Entonces el abuelo Jan no lo dudó: él se encargaría de trasladarlo a diario a Tilburg, trayectos a los que añadiría un momento cumbre para los dos pasajeros: parar a comer albóndigas. Un platillo que el pequeño se permitía a diferencia de cualquier golosina o chatarra, cuidando su nutrición desde que escuchó cómo debía alimentarse un futbolista.

Los de Jong idolatraban a Johan Cruyff y, como muestra, el rostro serio del *crack* los contemplaba desde los posavasos en casa. En cierto punto de la adolescencia, ya debutado en primera, Frenkie se sintió relegado en el Willem II, en ese instante luchando por no descender y prefiriendo a mediocampistas duros antes que un flacucho capaz de tomar la pelota junto a su área y asumir riesgos. Ahí, los antiguos pasos de Cruyff emergieron desde la mesa cual hoja de ruta: con 18 años, el Ajax lo fichó.

En Ámsterdam no daban crédito. Su frialdad propia de veterano, su capacidad para ver lo que nadie, su precisión quirúrgica, su estética. En 2019 acarició con el Ajax la final de la Champions. Los gigantes europeos se pelearon por él, pero Frenkie lo tuvo claro en cuanto el Barcelona lanzó el anzuelo: como el patriarca Johan, iría a Cataluña. Le ofrecieron el número 14 que inmortalizara la mayor gloria *oranje*. El joven agradeció el gesto, mas pidió el 21. La razón, que el abuelo Jan, sin quien ese camino no habría podido ser, falleció en el cumpleaños 21 de Frenkie.

El niño criado ante un viejo molino, símbolo máximo de lo que suele asociarse con la cultura neerlandesa, terminó dictando cátedra con las condiciones más vinculadas al arte naranja para jugar futbol. En el Camp Nou, Frenkie acompasa cada balón como repitiendo el clamor de "Relax" de esa banda ochentera que le dio nombre. ⚽

OUSMANE DEMBÉLÉ

EL MOSQUITO

NACIÓ EL 15 DE MAYO DE 1997

CAMPEÓN DEL MUNDO EN RUSIA 2018

GANADOR DE LA CHAMPIONS LEAGUE EN 2025

BALÓN DE ORO 2025

Algo más de una hora separa a París de esos grisáceos edificios de La Madeleine en Évreux. Sin embargo, esto es otro mundo. El riachuelo Iton, enormes descampados, poco color y una enrejada cancha de concreto que se usa para futbol y baloncesto.

Contra un mural que muestra a unos jóvenes ayudándose a escalar una montaña, metáfora del espíritu solidario del suburbio, el pequeño Ousmane pateaba incansable la pelota.

Su apellido Dembélé, común en Mauritania y Mali de donde sus padres emigraron a Francia, puede traducirse del idioma mandinga como resiliente. Adjetivo del que el niño se sostenía cuando enfrentaba al barrio vecino y efectuaba túneles a muchachos 10 años mayores. O cuando se proponía anotar sólo si gambeteaba a cuatro rivales. O ser ambidiestro, igual de preciso con las dos piernas.

Eligió su primer equipo, a los seis años, emocionado porque le darían un uniforme y habría árbitro en sus partidos. Más difícil fue hacerlo con el segundo, ya a los 13. Detectores de talento de todo el país le insistían que con su club se desarrollaría mejor.

Fatimata, su madre, sugirió que se integrara al Stade Rennais. Su tío, el exfutbolista maliense Badou Sambangué, residía ahí, pero además el Rennes ofrecía apoyo para que su familia completa se mudara a esa ciudad en la región bretona.

Todos coincidían en que Ousmane, ya seleccionado francés sub-17, representaba el futuro de la institución, aunque faltaba un contrato profesional. Consumado ese paso, su temporada debut con Rennes resultó un enorme éxito. Se le tasó en 18 millones de dólares y el Barça quiso comprarlo, mas el joven se negó, entendiendo que apenas jugaría con Messi, Suárez y Neymar en dicho plantel. Tras un año sensacional en el Borussia Dortmund, los catalanes volvieron, recién vendido Neymar, y desembolsaron una cifra que superaría los 155 millones de dólares.

En Barcelona lo apodaron "Mosquito" por su velocidad y delgadez. No obstante, las lesiones lo perseguirían, lo mismo que su indisciplina, impuntualidad, desconcentración y malos hábitos de alimentación. Se convirtió en blanco de críticas y burlas. Se aseguró que jamás cumpliría la promesa que supuso.

En 2023 lo adquirió el París Saint-Germain y algo cambió en Ousmane. Se adhirió al plan de un nutriólogo. Cuidó sus horas de sueño. Instauró sesiones para pulir su definición. Analizó a conciencia sus videos. El DT Luis Enrique lo convenció de implicarse en trabajo defensivo.

En 2025 comandaba al PSG campeón de Europa. Nunca es tarde para reaccionar, la resiliencia del apellido Dembélé al fin lo describió. ⚽

FEDERICO
VALVERDE

DE PAJARITO A HALCÓN

NACIÓ EL 22 DE JULIO DE 1998

DOS CHAMPIONS LEAGUE
EN 2022 Y EN 2024

TRES LIGAS ESPAÑOLAS

TERCER LUGAR DE LA COPA
AMÉRICA EN 2024

Entre niños claramente mayores, un bebé resaltaba corriendo. No pasaba de los tres años y, por algún motivo, sus pantaloncillos lucían abultados. La razón se entendió en cuanto Fede aceleró superando rivales hasta meter el balón al arco. En el festejo se quitó el pañal que nunca más volvió a utilizar.

Pese a ser menor en tamaño y edad, estaba en la cancha gracias a la insistencia de su madre, Doris, mujer habituada a luchar por todo. Limpiaba casas y vendía lo que fuera, ya en la calle, ya en el mercado Larravide de Montevideo. Antes de irse al colegio, Fede la veía empujar un chirriante carrito lleno de la mercancía que ofertaría. Jornadas del amanecer al atardecer justo a la inversa de las igual de agotadoras que trabajaba Julio, su papá, la noche entera como guardia de seguridad en un casino.

El propio Julio, al notar la obstinación futbolera de Fede, colgó una red de la pared para que el pequeño ensayara sus remates en esa casa ubicada en La Unión a seis kilómetros del centro de la ciudad. El colchón en el que dormía podía recargarse sobre el piso, pero portería no le iba a faltar. Pared que se fue descarapelando y hundiendo ante los reclamos del vecino, harto de que lo despertaran de la siesta a pelotazos. "¡Ya patearás muchos balones en Europa! ¡Pará el ruido!", gritaba.

Su primer entrenador lo apodó "Pajarito" porque volaba de área en área y pegaba saltos. Pajarito que, sin darse importancia, impulsó al equipo del barrio a ser campeón; como ignorando que él era la causa de los títulos.

A horas de la Navidad de 2007, Carmen vendía juguetes en un puesto callejero. Ahí se aparecieron dirigentes del club Siete estrellas, para convencerla de que Federico jugara con ellos. Así lo hizo el muchachito de nueve años hasta que el Peñarol lo detectó y lo integró a sus divisiones inferiores.

Llamaban la atención su talento y timidez. Hablaba lo mínimo necesario y corría por 10, lo que no se modificó al debutar un día después de su cumpleaños 17. El Arsenal lo invitó a Londres a probarse una semana y quiso quedárselo, mas Fede desistió, asumiendo que quizá perdía el único tren para emigrar a Europa.

Entonces fue Real Madrid el que lanzó el anzuelo y esta vez el Pajarito no dudó, transferencia de cinco millones de dólares. En España terminaría de formarse, primero en el filial merengue y luego en un préstamo a La Coruña, mientras lamentaba su no convocatoria a Rusia 2018 pese a haber anotado en la eliminatoria.

Ser mundialista, como triunfar al máximo en el Bernabéu, ya llegaría en 2022. Su sobrenombre cambió a "Halcón", aunque no su actitud, eterno sinónimo de compromiso y humildad. ⚽

CHRISTIAN PULISIC

CAPITÁN AMÉRICA

NACIÓ EL 18 DE SEPTIEMBRE DE 1998

GANADOR DE LA CHAMPIONS LEAGUE
EN 2021

EL CAPITÁN MÁS JOVEN
DE LA SELECCIÓN DE EUA

DOS VECES EN EQUIPO DEL AÑO
DE LA SERIE A

En el más gélido invierno, con nieve abultada en cada banqueta y jardín de Hershey, Pensilvania, el único sitio donde el balón no paraba era en el sótano de los Pulisic.

Ahí, un chico de baja estatura y cabello corto jugaba a ratos con Mark, su papá, a ratos con Kelley, su mamá, los dos exfutbolistas universitarios.

Christian, al que sus padres apodaban Figo por su pleitesía al *crack* portugués, parecía predestinado a esa pasión desde que su muy futbolero abuelo Mate dejara la isla croata de Olib en aras de su sueño americano.

No obstante, por mucho que Mark trabajara como entrenador infantil, orilló a su hijo a probar otros deportes a fin de que eligiera sin presión. Tiempos en los que su hermana mostraba mayor interés y calidad para el futbol que él.

Cuando tenía seis años eso se modificó. Por un intercambio en el que Kelley impartiría clases en Inglaterra, los Pulisic cruzaron el Atlántico y se instalaron cerca de Oxford. Christian fue inscrito en el club Brackley Town y quedó fascinado por la cultura británica del futbol.

Al regresar a Estados Unidos se aceleraría su evolución. Primero en Detroit, luego en Hershey, exprimiría la experiencia de Mark para aprender más. La condicionante en casa era que solo podía jugar si lo disfrutaba, nada de obligaciones. Mientras que varios de sus compañeros recibían regaños al fallar, los Pulisic cerraban los partidos riéndose con un helado.

Para exigencia ya bastaba la que se imponía Christian. Consciente de que pesaba y medía menos que el resto, decidió vencerlos con la cabeza y no con los músculos. Ejercitó su visión y técnica para eludir choques, siempre pensando antes que los demás.

Con 13 años se enfrentó a un representativo dirigido por el legendario Tab Ramos y lo impresionó al grado de que llamó a la academia de desarrollo de la federación estadounidense en Bradenton. Le respondieron que su recomendado volviera cuando creciera. Ramos insistió que ese talento era irrepetible y Christian se convirtió no sólo en el alumno más joven del programa, sino en el mejor.

Ya con más altura y carrocería, el Borussia Dortmund se lo llevó a Alemania a los 16 años. Al cabo de unos meses ingresó en los récords de la Bundesliga como el extranjero de menor edad en anotar.

Tres años después, el Chelsea lo compró por 73 millones de dólares y ahí conquistó la Champions League, camino que continuaría en el AC Milan.

El apodado "Figo" que peloteara en un sótano de la nevada Hershey, se transformó en el *American Dream* que el abuelo Mate, a quien debe su segundo nombre, nunca imaginó al emigrar de Croacia. ⚽

JOHAN FELIPE
VÁSQUEZ

IL MURO CAPITANO

NACIÓ EL 22 DE OCTUBRE DE 1998

MEDALLISTA DE BRONCE EN LOS
OLÍMPICOS DE TOKIO 2020

CAMPEÓN COPA ORO 2023 Y 2025

MEJOR JUGADOR DEL GENOA
EN 2024-2025

MÉXICO

Al ver batear *hits* a ese niño que jugaba como *shortstop*, cualquiera pensaría que amaba el beisbol como la mayoría en Navojoa, pero su pasión era el futbol.

Su nombre, Johan Felipe, en honor de Johan Cruyff y de su abuelo Felipe, aunque todos le decían "Pipe". Un espigado muchachito que, además de brillar como volante, tenía como hobby criar gallos.

Su padre, Rigoberto, había pasado de vender camarones en una carreta a montar el restaurante Mariscos Zito. Con igual disciplina, fundó el equipo Zito's Boys y se certificó como director técnico. En la marisquería, Pipe ayudaba limpiando mesas y yendo por pescado. En casa se emocionaba cuando Rigoberto emergía bajo una pesada red de balones.

Lo acompañaba a los entrenamientos y, aguantando el calor sonorense, absorbía cuanto lo escuchaba indicar a sus pupilos.

A los 10 años lo reclutó el Pachuca y se mudó a esa ciudad, mas la nostalgia lo devolvió a Navojoa. Tres años después, pasó una prueba en Pumas, con lo que se movió, 24 horas en autobús, a la capital. Supo que necesitaban un lateral y mintió asegurando que dominaba esa posición. Semanas más tarde lo convirtieron en central.

Un año duró la etapa hasta que la cantera auriazul lo dio de baja al recortar su presupuesto. Se quedó en la Ciudad de México buscando oportunidades mientras se mantenía en ritmo jugando en Chalco. Lo probaron en América, fue rechazado. Acudió a una visoría con Santos, tampoco lo aceptaron. Intentó en Cruz Azul, lo desdeñaron por flaco. En Tigres más de lo mismo.

Regresó a Navojoa harto del futbol, sin siquiera soportar toparse con un resumen de goles en el televisor. Con 17 años emprendería otro camino, acaso ingeniería civil. Fue a la Unidad Deportiva sin shorts, sólo a reencontrarse con los amigos. Al anochecer, notó a lo lejos a su papá gritándole y chiflándole. Llegado a él, le presentó a un entrenador que ofrecía llevárselo al club Cimarrones en Hermosillo. Pipe no quería. Perdido el año escolar, le insistieron que tratara.

Seis meses estuvo en cuarta división. Un año en tercera. Otro año en segunda. Cierto día que no alinearía, lo metieron al descubrir en la grada a un emisario de Rayados.

Brindó un partidazo. Lo compró el Monterrey y pronto debutó en primera. En 30 meses saltaba del casi retiro al máximo circuito. Pumas lo recuperó y triunfó tan de inmediato como para ir a los Olímpicos. A horas de disputar el bronce, le informaron que lo pretendían de Italia. Concentrado en ganar el podio, no prestó atención. Una vez medallista cerró su fichaje al Genoa. Tras mucho luchar y una difícil adaptación, terminaría siendo capitán. ⚽

ACHRAF HAKIMI

EL LEÓN DEL ATLAS

Hassan intentaba disimular la razón por la que los demás coches lo rebasaban cada vez con mayor facilidad por la madrileña autopista M-40. El indicador de combustible picaba ya en lo más bajo y todavía le faltaba un tramo para terminar ese recorrido de 25 kilómetros desde su hogar en el suburbio de Getafe, al sur de la ciudad, hasta las instalaciones del Real Madrid en Valdebebas, al norte.

Pese a la discreción, su hijo Achraf, al que cariñosamente llamaba Arra, sabía que no tenían siquiera unos euros para recargar el tanque. Bueno, ese destartalado Renault 21 ni disponía de vidrios y cubría sus ventanas con cartones.

Un ojeador merengue había detectado al niño de siete años jugando con su equipo del barrio, el Colonia Ofigevi. Al ver que el Atlético de Madrid también lo quería, donó al club 100 balones y 200 casacas de entrenamiento para llevárselo a las inferiores del conjunto blanco. Eso implicó un problema para la de por sí muy maltrecha economía familiar. Su padre, Hassan, era vendedor ambulante en mercadillos por la periferia de la capital, su madre, Saida, complementaba ingresos limpiando casas, los dos llegados de Marruecos en búsqueda de un sueño europeo que no materializaba.

Cierto alivio surgió cuando el Madrid ofreció pagarle los traslados para acudir a entrenar a diario. En Valdebebas mantendría la rutilante velocidad que siempre lo había caracterizado, pero cambiaría de posición. De inicio, de delantero a explosivo extremo, más tarde consolidado como irrefrenable lateral derecho.

Su rendimiento lo catapultó a la selección sub-17 de España en la que nunca estuvo cómodo. Los documentos marcaban que era español, aunque sentía que ahí no encajaba. Le gustaba comunicarse en árabe, prefería platillos como *tagine* de cordero o cuscús, practicaba el Islam, incluso respetando los ayunos del mes de Ramadán. Orgullo desatado cuando, recién debutado en primera división con los merengues, recibió la convocatoria de Marruecos para el Mundial de Rusia 2018 en el que fue titular.

Sin embargo, no es sencillo ganarse un sitio en el Madrid. Lo prestaron al Borussia Dortmund con el deseo de que regresara más experimentado al Bernabéu, mas eso ya no sucedió. El Inter lanzó un dineral por él. Emigró a Italia y, al cabo de una temporada, el París Saint-Germain lo adquirió por 65 millones de dólares.

En Qatar 2022 su vida se mezcló en un instante. Enfrentando a su natal España en octavos de final, le tocó tirar el penal con el que Marruecos se impuso. Celebró el histórico gol abrazado de Saida, la mujer que sacrificó todo por impulsarlo a la gloria. ⚽

KYLIAN MBAPPÉ

EL NIÑO DE BONDY

NACIÓ EL 20 DE DICIEMBRE DE 1998

CAMPEÓN MUNDIAL EN RUSIA 2018

TRASPASADO POR 180 MILLONES
DE EUROS A LOS 18 AÑOS

MÁXIMO GOLEADOR EN
FINALES MUNDIALISTAS

Aún no terminaban los festejos por la primera coronación francesa en un Mundial, cuando a seis kilómetros del Stade de France, sede de la gloria en 1998, nacía un niño predestinado a esa misma cúspide.

Una familia multicultural como la del común en Bondy, en el *banlieue* o perímetro parisino. Wilfried, el padre, llegado de Camerún y, frustrada su carrera como futbolista, entrenador infantil. Fayza, la madre, de Argelia, jugadora profesional de balonmano.

Vivían en un bloque habitacional frente a la terrosa cancha Léo Lagrange. Si los más privilegiados de París contemplan desde su balcón la Torre Eiffel, ellos tenían la panorámica del balón entre lodo y polvo.

En 2005, con Kylian próximo a los seis años, se desataron disturbios en Bondy. Los hijos de inmigrantes desafiaban a la autoridad, hartos de no recibir las oportunidades que el resto de los chicos franceses.

Ante tal ambiente, los Mbappé se apegaron a dos remedios: deporte y educación. En el primero, los remates de derecha catapultaron a Kylian a estrella del AS Bondy, pese a que ahí su papá lo entrenaba sin favorecerlo en absoluto. En el segundo, escribiendo en el colegio con la mano zurda y con tal agilidad mental que lo consideraban superdotado. Un ambidiestro que tocaba melódico la flauta y cantaba en un coro en el parque.

En el marginal Bondy, Mbappé dormía bajo un póster de su ídolo, Zinedine Zidane, y al concluir sus partidos se divertía haciéndose entrevistas como si ya fuera una celebridad. No obstante, antes se enfrentó a sus miedos. A los 11 años jugó en el estadio de Gagny, y el pánico lo congeló. Perplejo y en llanto, su mamá acarició su cara hasta que captó su atención. Le dijo que podía fallar, mas nunca dejar de intentarlo por temor.

Superada esa prueba, Kylian creció en todo sentido. Corrió la versión de que Bondy escondía a un genio y varios equipos lo buscaron, pero prefirió desarrollarse en el Centro de Clairefontaine. Lo invitaron a las entrañas del Real Madrid y, para su sorpresa, el propio Zidane lo llevó en su coche. Deslumbrado, en un hilo de voz, preguntó si debía subir sin zapatos, oferta que *Zizou* rechazó riendo. Ahí estaba junto al *crack* al que pretendió copiar hasta el peinado, ignorante de que lo de Zidane no era un *look* sino calvicie.

Dos años más tarde, recién cumplidos los 16, Kylian debutaba en el Mónaco y anotaba todavía sin su apellido impreso en la espalda. Para eso, para leer y releer Mbappé, había demasiados años por delante. El niño prodigio estallaba como realidad, tan pronto campeón mundial y, años después, vistiendo el uniforme madridista de sus sueños. ⚽

JONATHAN **DAVID**

EL HOMBRE DE HIELO

CANADA

La pelota continuaba rodando al caer la noche en esa calle de Puerto Príncipe, Haití. Rose apuraba a su hijo Jonathan para que volviera a casa. Ya no eran horas para que un niño estuviera fuera, pero alargaba el partido gracias a que su papá, Jean, amaba el futbol tanto como él.

Nació en Nueva York por accidente, con sus padres de visita en Brooklyn. Regresaron a Haití con un bebé de tres meses. Sin embargo, la enésima crisis en este empobrecido país, apenas dos años antes con un Golpe de Estado, obligó a los David a emigrar cuando Jonathan tenía seis años.

Jean viviría entre dos mundos. Se mantendría trabajando en Puerto Príncipe y viajaría constantemente para ver a su familia en su nueva ciudad, Ottawa, Canadá.

De a poco el hablar *créole* de Jonathan cedió y adquirió un francés de acento canadiense. También dejó atrás el futbol y se interesó en deportes más comunes en ese sitio, como el futbol americano.

A los 10 años su papá lo inscribió en un club de *soccer*. Algo conectó con los recuerdos de su primera infancia en Haití. Entonces apareció en su camino el entrenador Hanny. Le explicó que su meta era forjarlo para que jugara en Europa y no en academias de la Major League Soccer.

No tardaron en reparar en su talento los tres equipos canadienses de la MLS, aunque Jonathan se aferró al plan de Hanny y siguió dirigido por él hasta la adolescencia… siempre que no faltara al colegio, como exigía mamá. Sin pasar por filiales de conjuntos profesionales llegó a la selección sub-15 y ahí se encontró con la otra perla canadiense de su generación, Alphonso Davies.

Intentó convocarlo Estados Unidos, sabedor de que nació en Nueva York, mas no lo persuadió ni siquiera con el argumento de que con ellos sería mundialista, lo que Canadá no lograba desde 1986.

Fue probado por varios cuadros europeos, hasta que con 17 años el Gent de Bélgica lo contrató con un problema: sólo podría integrarse al plantel cumpliendo la mayoría de edad. Así lo hizo seis meses después y brilló de inmediato. Lo que más sorprendía a quienes lo rodeaban era su frialdad al tener el balón. Por eso lo apodaron "Iceman" u "Hombre de Hielo".

En 2018 recibió la peor llamada, enterándose tan lejos de que Rose había muerto. En su memoria celebraría goles elevando rosas al cielo. Goles que en 2020 convencieron al Lille de pagar 33 millones de dólares por él. Fue campeón de Francia, rompiendo la hegemonía del PSG, y jugó su primer Mundial en 2022. Calidad que lo llevó a la Juventus, tal como el *coach* Hanny visualizó. ⚽

JULIÁN
ÁLVAREZ

ARAÑA GOLEADORA

NACIÓ EL 31 DE ENERO DE 2000

CAMPEÓN DEL MUNDO EN QATAR 2022

CAMPEÓN DE AMÉRICA EN 2021 Y 2024

GANADOR DE COPA LIBERTADORES EN 2018 Y DE LA CHAMPIONS LEAGUE EN 2023

Con una voz apenas audible entre la austera calidad de la grabación y la timidez de quien hablaba, puede entenderse lo que ese niño de 11 años decía en su primera entrevista: su sueño, disputar un Mundial; su ídolo, Lionel Messi; el equipo de sus amores, River Plate.

Tres anhelos, tres profecías. Demasiado para alguien nacido en Calchín, pueblo de 3,000 habitantes a 120 kilómetros de Córdoba… salvo que contara con la mentalidad de Julián.

Sus dos hermanos lo apodaron "Arañita" por parecer que tenía múltiples piernas al aferrarse a la pelota en los partidos callejeros. Tanto proliferó ese sobrenombre que su maestra escolar debió exigir que, al menos en el aula lo llamaran Julián o Juli.

Ya en la cancha, incluso los árbitros consultaban si ese día jugaría la Arañita, cómo no sorprenderse con un pequeño que anotaba seis goles por cotejo, atestaba de curiosos la grada de 150 personas del Club Atlético Calchín y hasta firmaba autógrafos como si eso fuera lo más normal a esa edad.

El Real Madrid lo invitó a una prueba que superó con creces. Deseaban que se quedara, pero no resultó viable porque habría sido imprescindible que la familia completa se mudara a España. Volvió a casa y se mantuvo motivado al saber del interés por él de cuadros locales como Boca o Argentinos Jrs.

En 2015 lo detectó un cazatalentos de River Plate y cumplió el primer sueño profetizado en la añeja entrevista: vestiría el uniforme del equipo millonario. A su enorme capacidad añadía un afán por comerse cada jugada y chocar contra todo rival, acaso imbuido por el espíritu de sacrificio que siempre vio en su padre, Gustavo, trabajando sin tregua en una fábrica de cereales.

Fue difícil cambiar ese minúsculo pueblo, en el que conocía a todos, por la inmensa capital Buenos Aires. Noches de llanto y nostalgia por su gente que se olvidaban al rematar a las redes.

En 2018 lo eligieron junto con otros juveniles argentinos que viajarían a Rusia para apoyar en los entrenamientos a la selección que disputaría el Mundial. En cuanto se topó con Messi le pidió una foto, acto seguido, en un interescuadras, se llevó la anécdota de que el *crack* le hizo un túnel. Esa Albiceleste caería en octavos de final y Julián lloraría la derrota como si hubiera jugado.

Cuatro años después, en Qatar 2022, no sólo lograba las otras dos partes anheladas en su infancia (ser mundialista y compartir ataque con Messi), sino coronarse como inesperado titular y metiendo cuatro goles.

La Arañita devino en Araña mayor apegado a la esencia de la niñez en Calchín: modélico en su comportamiento y voraz ante la portería enemiga. ⚽

VÍTOR MACHADO FERREIRA

VITINHA

TRES GENERACIONES

NACIÓ EL 13 DE FEBRERO DE 2000

CAMPEÓN DE LA CHAMPIONS LEAGUE 2024-2025

SUBCAMPEÓN DEL MUNDIAL DE CLUBES EN 2025

CAMPEÓN DE LA NATIONS LEAGUE EN 2025

Cuando el árbitro pitó el final y se consumó el ascenso a primera del Clube Desportivo Das Aves, el pequeño Vitinha ya no pudo ver más. Le costó observar el frenesí entre las multitudes saltando y su estatura inferior al común de los niños de seis años que conocía, por eso lo llamaban con el diminutivo para su nombre, Vítor.

Su padre, Vítor Manuel, cumplía su sueño dorado: subir a su equipo amado y retirarse en la máxima categoría con su uniforme. Pasión heredada, a su vez, del abuelo de Vitinha, Antonio, también exjugador del modesto Aves.

Por ellos interiorizó una idea de futbol más cercana al esfuerzo y a la discreción que a los millones y el glamur, el propio Vitinha nacido en un domingo de partido (que papá jugó completo) y crecido mudándose según dónde militara Vítor Manuel.

En 2007, unos meses después del ascenso del Aves que vio de soslayo en el estadio, comenzó a despuntar con las *escolinhas* o escuelitas de la misma institución. Cierto día, explicaron al grupo que disputarían un mundialito infantil en Algarve, al sur de Portugal.

La euforia desbordaba en el trayecto. De pronto, el autobús frenó por un fallo mecánico. Pasaban las horas sin solución. Temían perderse el debut hasta que lo repararon. Brincaron a la cancha casi directo desde el camión. Con Vitinha en los controles, se metieron a semifinales.

El Benfica lo recibió en su academia. Durante tres años demostró tal visión de juego que lo comparaban con el español Andrés Iniesta, pero a los 11 años lo dieron de baja al considerar que con tan frágil cuerpo no alcanzaría la élite.

Antes de que comprendiera ese rechazo, el Oporto lo rescató. Su nueva vida implicaría que a las 6 a. m. la furgoneta del club lo recogiera junto a las demás promesas de la periferia norte de la ciudad, estudiar en las instalaciones del equipo, entrenar por la tarde y regresar a casa en la noche sólo para cenar.

Sabedor de su desventaja física, trabajó sesiones adicionales en resistencia y gimnasio hasta probar que era capaz de competir contra todos. Así debutó en el Oporto con 19 años y de inmediato fue prestado al Wolverhampton inglés donde tuvo poco brillo. Al volver a la liga portuguesa evidenció una madurez inesperada. Visto bien, lo de Inglaterra no resultó un fracaso sino aprendizaje que aplicó para su siguiente misión, cuando en 2022 el París Saint-Germain pagó 45 millones de dólares por él. En el Parque de los Príncipes se convirtió en el director de orquesta que elevó a los parisinos a la gloria europea. Su personalidad discreta no cambió: dictando tiempos sin necesidad de reflectores. ⚽

VINÍCIUS JÚNIOR

DRIBLANDO AL DESTINO

La bahía de Guanabara presume a un lado la turística Río de Janeiro, aunque vive de espaldas al otro, donde se encuentra el muy sobrepoblado y problemático barrio de Porto do Rosa.

Rincón en el que se duerme con miedo a las abundantes armas, a las bandas delictivas, al futuro de sus jóvenes. Ahí, entre calles de terracería, postes enmarañados de cables y el olor pestilente del contaminado mar, nació Vinícius. Un niño al que apodaban "Fominha" (hambriento), no porque le faltara comida, ya que su padre llevaba lo indispensable, sino por su hambre de tener la pelota en los pies.

La casucha en la que residían los Paixão de Oliveira pertenecía a la abuela. Desde ahí salía su papá a reparar electrónicos, a menudo en Río, al otro costado de la bahía.

A los cinco años, Vini fue presentado ante el encargado de la escuelita del barrio. El instructor pensó que la edad sería un inconveniente, pues no solía registrar a *meninos* tan pequeños, hasta que lo contempló driblando al mundo y metiéndose a la portería con balón: descubría a un mago obstinado en lanzar la bola por encima de la cabeza de los rivales, el arte del *chapéu* o sombrerito.

A Fominha no le bastaba practicar con sus compañeros. Insaciable, primero se integró a la sesión de los mayores por un año, luego de los mayores por dos, también a la de futbol sala (doctorado en gambeta en espacio reducido), peloteando en esas canchas de sol a sol.

Las divisiones inferiores del Flamengo lo buscaron a los 10 años, mas la distancia rumbo a las instalaciones de Ninho do Urubu era tremenda: 150 kilómetros ida y vuelta. Toda la familia lucharía con él.

Papá se mudó al lejano São Paulo, donde la paga resultaba mejor, a fin de amortizar los pasajes diarios del crío. Mamá tomaba un autobús con Vini que los dejaba a unos minutos de Ipanema. Hubiese calor o lluvia, esperaba sentada en un parque cuatro horas. Lapso en el que su hijo abordaba otro camión, continuaba solo hasta Ninho do Urubu, entrenaba con el Fla y, caída la noche, regresaba para juntos dirigirse a Porto do Rosa. Se habituaron a comer entre los enfrenones y cláxones del tráfico carioca.

Con semejante trajín, aquellos meses se sintieron como décadas, pero la recompensa estaba cerca. A los 16 años, Vinícius debutaba con el Flamengo, ante un estadio Maracaná que coreaba su nombre. Un año después el Real Madrid lo convirtió en el adolescente más caro de la historia, desembolsando 50 millones de dólares por él.

Su madre explicó risueña que era una ganga. El tiempo le dio la razón. Tras un inicio en el que se le criticó mucho, Vini escaló a lo máximo con el Madrid. ⚽

ERLING BRAUT HÅLAND

VIKINGO ANDROIDE

NACIÓ EL 21 DE JULIO DE 2000

GANADOR DE LA CHAMPIONS LEAGUE EN 2023

BOTA DE ORO EN 2022-2023

FUTBOLISTA DEL AÑO EN TRES LIGAS DIFERENTES

HAALAND
9

Entre valkirias y elfos, entre glaciares y fiordos, Thor recibió su incontenible poder como dios del trueno al mezclar las dotes de su padre, Odín, dios de la guerra, con las de su madre, Jörð, diosa de la tierra.

Algo así sucedió cuando en Inglaterra, al otro lado del Mar del Norte respecto a Escandinavia, nació una encarnación goleadora de Thor. Lo llamaron Erling, traducible según las sagas nórdicas como heredero de líderes nobles. Alf-Inge Håland, su papá, jugaba en la media del Leeds United. Gry Marita Braut, su mamá, había brillado como campeona de heptatlón. Apegados a la tradición noruega, le añadieron el apellido materno como segundo nombre.

Cuando Erling Braut era un bebé, su familia se mudó a Mánchester luego de que el City adquiriera a Alf, etapa que duraría poco por una grave lesión. Los Håland volvieron a Noruega, asentándose en un pueblo costero de algo más de 10 mil habitantes.

En el Bryne FK, precisamente el equipo de esa localidad rural donde Alfie comenzara, Erling dispararía sus primeros relámpagos a portería. No importaba cuántos goles anotara, lamentaba los que dejaba de meter.

Ese niño rubio de semblante serio no contaba con la mejor técnica y lucía muy pequeño, lo que no preocupaba a sus entrenadores al ver la estatura de sus padres y hermanos. La genética vikinga ya se mostraría.

A los 16 años experimentó un estirón tan súbito que se desajustaron sus habilidades. Desgarbado, flacucho y descoordinado, no faltó quien le perdiera la confianza sin entender que ese adolescente poseía en su cabeza las herramientas para exigirse y retomar. Corría entre bosques nevados, repetía remates hasta la extenuación, se sometía a esfuerzos inusitados. En 14 partidos con el Bryne anotó 18 veces, lo que atrajo el interés del gigante noruego, Molde FK. Cómo habrá trabajado en el gimnasio de ese club que subió 15 kilogramos de músculo en menos de año y medio. Los goles llegaron por borbotones.

El RB Salzburg lo fichó por 9 millones de dólares y, a los meses, constató la ganga: en el Mundial sub-20 de 2019, Erling se disfrazó de Thor, nueve tantos en un solo cotejo, récord en certamen de cualquier edad de la FIFA.

El Borussia Dortmund lo compró por 22 millones y la erupción goleadora siguió cual geiser noruego. Su destino fue el Manchester City, donde en el pasado Alfie apenas jugara. Ahí, el trueno se multiplicó como nunca se haya visto.

Si el vikingo Erik el Rojo sorteó el oleaje del Atlántico acaso antes que nadie, Erling Braut lo hizo en la eliminatoria mundialista de 2026: 16 goles para calificar a los noruegos al torneo en Norteamérica. ⚽

MOHAMMED
KUDUS

EL ORGULLO DE NIMA

- NACIÓ EL 2 DE AGOSTO DE 2000
- DOS EREDIVISIE CON AJAX
- TRES VECES FUTBOLISTA GHANÉS DEL AÑO
- COSTÓ 75 MDD AL TOTTENHAM

KUDUS

En esa casucha del barrio de Nima, al norte de la capital ghanesa Acra, no descansaban las ollas sobre esa estufa a base de diésel. Sin parar, Mariam cocinaba *tuo zafi*, platillo tradicional hecho con harina de maíz, tapioca y sopa de okra.

Gracias a la venta de sus delicias en el mercado, ese mujerón sacaría adelante por sí sola a cuatro hijos. El menor de ellos, Mohammed, tenía que respetar estrictas reglas impuestas tanto por Mariam como por sus hermanos mayores. Lo primero era la educación y jugar con la pelota dependía de las calificaciones escolares. A partir de eso, toda la familia se sacrificaba para conseguirle equipamiento deportivo de segunda mano.

En Nima las casas son de lámina, la música no deja de sonar en las calles y el parque Kawukudi, con su superficie entre arenosa y lodosa, sirve de campo de futbol. Eso obligaba a Mohammed a controlar el balón en las condiciones más adversas, aunque imaginándose que estaba en los grandes estadios de la Premier League inglesa.

A los 12 años fue a una clínica para integrarse al proyecto de desarrollo de futbolistas Right to Dream. El día de la prueba se rompió el pulgar en una mala caída, pero disimuló el dolor concentrado en mostrar que podía quedarse en esa academia. Ya se quejaría después, insistió cuando le preguntaron por qué no explicó su problema físico. Con las lecciones de perseverancia de mamá, resistiría la nostalgia al mudarse a la residencia de esa institución.

Al cabo de un tiempo, se consagró como el mejor. El FC Nordsjælland de Dinamarca le ofreció una oportunidad. Distaba de ser la Premier, de hecho le advirtieron que el frío resultaría durísimo, mas Mohammed no dudó. Sólo cumplir 18 años apareció en la liga danesa. Viviría dos temporadas de enorme aprendizaje hasta que el Ajax neerlandés lo fichó. Difícil inicio, en su debut en Champions sufrió una fractura que lo inhabilitó por varios meses.

Sabía que la lesión no había sido su culpa, pero entendió que debía cuidar mejor su cuerpo. Modificó su rutina. Añadió horas de práctica para perfeccionar toda faceta. Su rendimiento en Ámsterdam lo catapultó a la selección de su país con la que viajó al Mundial 2002 y marcó dos goles.

Al verano siguiente el West Ham pagó más de 50 millones de dólares por él, cifra que lució corta dos años más tarde cuando el Tottenham puso 75 millones para amarrarlo. El sueño de Premier, que tenía desde el parque Kawukudi, era una realidad.

Cambiaría la vida de Mariam, a la que convenció de ya no vender *tuo zafi* en el mercado. También cambió la del barrio de Nima, patrocinando proyectos de educación y deporte. ⚽

KANG-IN LEE

K-CRACK

KOREA

omo tocado por una varita mágica, el chaparrito al que faltaba un diente central, ese de cabello largo, resaltaba en la televisión sobre los más de 700 niños que perseguían balones en ese programa. Eran su remate y gambeta, extraños para alguien de escasos seis años, aunque también su resistencia, producto de haber practicado taekwondo desde bebé al ser hijo de un maestro de esa arte marcial.

Kang-in comandaría a su equipo al triunfo en el torneo Fly Shoot Dori, *reality show* cuyo premio implicaba viajar a Inglaterra para grabar un anuncio con la gran figura del Manchester United, Ji-sung Park.

Celebridad demasiado prematura, eludía rivales recreando los videos de Diego Armando Maradona que veía mañana y noche en su casa de la ciudad de Incheon.

En 2011, cuando recién festejaba su cumpleaños 10, el Valencia lo invitó a unas pruebas. Atorados en la barrera de la comunicación, los ojeadores entendieron que tenía dos años más y lo pusieron con chicos mayores. Pese a ello, Kang-in brilló. Al saber su verdadera edad le suplicaron que se quedara, pero siendo tan pequeño resultaba imprescindible que su familia emigrara con él. Una semana después, el papá del prodigio decidía que se mudaban todos a España.

Nadie lo superaba entrenando ni jugando. Al principio con gritos, luego en un impecable español que estudió hasta dominar, siempre pedía la pelota. Al volver del club observaba a sus hermanas sufriendo el choque cultural. Eso lo conminaba a corresponder con su máximo esfuerzo al sacrificio de quienes dejaron Corea por él.

Como si no bastara la exigencia en las inferiores del Valencia, añadía sesiones diarias con su padre. Habían leído que Heung-min Son, para entonces estrella del Tottenham, no paraba de trabajar y repetir jugadas, así que seguirían su ejemplo. Cada que le proponían ir a alguna fiesta, Kang-in insistía entre risas: "Yo sólo futbol, futbol y futbol".

Debutó en la liga española a los 17 años, el coreano más joven en hacerlo en un gran certamen europeo. Sin demora, llevó a la sub-20 coreana al subcampeonato mundial, elegido además Balón de Oro del torneo. No obstante, en el cuadro naranjero no encontró las condiciones para consolidarse.

A los 20 años pasó al Mallorca dirigido por Javier Aguirre. El técnico mexicano sacaría lo mejor de Kang-in, al grado que fue el futbolista con mayor porcentaje de éxito en dribles en Europa. El París Saint-Germain lo adquirió y con él ganó la Champions League, algo que apenas otro coreano logró antes: Ji-sung Park, al que conociera a los seis años como premio por un *reality show*. ⚽

TAKEFUSA KUBO

CAPITÁN TSUBASA

- NACIÓ EL 4 DE JUNIO DE 2001
- EL MÁS JOVEN EN DEBUTAR CON LA SELECCIÓN JAPONESA
- CAMPEÓN DE LA EUROPA LEAGUE EN 2021 CON VILLARREAL
- JUGADOR DE LA TEMPORADA 2022-2023 CON REAL SOCIEDAD

久保
保
建
英
TAKE

Los caracteres japoneses que forman el nombre Takefusa se combinan para significar constructor de excelencia… y así crecería este niño en Kawasaki, 20 kilómetros al sur de Tokio.

Su papá jugó futbol hasta donde pudo. Aun entrenando a equipos infantiles en sus ratos libres, no sospechaba lo que acontecería con su primogénito. Sí, estimulaba su desarrollo motriz con actividades de destreza escalando montañas en Asao-ku. Sí, a diario pateaban balones juntos en un parque sin importar el clima. No obstante, semejante progreso superaba cualquier expectativa.

Por si no fueran suficientes sus dribles a chicos mayores, Take comenzó a estudiar español a través de cursos ofrecidos por la televisión pública nipona (NHK), convencido de que en el futuro triunfaría en la liga ibérica.

A los nueve años se topó con un anuncio: la academia del Barça impartiría unas clínicas en Fukuoka e invitaría al futbolista que más destacara a un cotejo con su cuadro infantil. Cuando terminó esa serie de prácticas, nadie dudaba que Take había sido el mejor. Lo que sorprendió incluso a su familia fue que no sólo jugó el partidito de premio, sino que al cabo de un tiempo lo conminaron a incorporarse a la cantera blaugrana. Apenas pasaba de los 10 años y ya perseguiría su sueño en otro continente.

No resultó fácil su llegada al Barcelona en 2011. *Bullying* de los niños de más edad, salir rebotado en los choques al tener menos tamaño, asumir que su español no bastaba, añoranza por lo que quedó atrás en Kawasaki. Dejó de caer a cada encontronazo gracias a su inteligencia para eludir embestidas. En cuanto a su adaptación, los manga futboleros que tanto le apasionaban en casa, *Inazuma Eleven* o *Capitán Tsubasa*, le sirvieron para acercarse a sus compañeros. Se sublimó dominando el español y descubrió una ventaja: que en ese idioma era bromista e irreverente como en su lengua materna nunca se atrevía.

Más de dos goles de promedio por duelo, el apodo de "Messi Nipón", la selección sub-15 de su país colocándolo como cerebro… todo se truncó un día de 2014. La FIFA denunciaba al Barcelona por romper el reglamento de recluta de jugadores menores, entre ellos Take. Esperó unos meses en la Ciudad Condal buscando soluciones. Al comprender que eso no sucedería, volvió a Japón para debutar a los 15 años en la J-League con el FC Tokyo. Transcurrieron tres años hasta la mayoría de edad. Ya podía decidir su camino.

El Real Madrid se adelantó a todos y lo firmó, aunque prestándolo a varios destinos. Sería en la Real Sociedad donde este constructor de excelencia lograría el brillo augurado en el nombre. ⚽

MOISÉS CAICEDO

EL NIÑO MOI

NACIÓ EL 2 DE NOVIEMBRE DE 2001

CAMPEÓN DEL MUNDIAL
DE CLUBES EN 2025

CAMPEÓN DE LA CONFERENCE
LEAGUE 2024-2025

BALÓN DE BRONCE EN EL
MUNDIAL DE CLUBES 2025

Los cumpleaños resultaban diferentes para el décimo y último hijo de los Caicedo Corozo. Lejos de celebrar apagando las velas, Moisés las vendía. Haber nacido en Día de Muertos implicaba que cada aniversario debía apoyar a su mamá ofreciendo velas y flores por las adoquinadas calles de Santo Domingo, a tres horas en autopista de la capital Quito.

El nombre de su marginal barrio parecía honrar a su madre, Mujer Trabajadora, aunque lo mismo su papá trepaba a un triciclo a diario para desplazar pesadas cargas por los pasillos del mercado. Pegada a ese cuarto en el que vivía con lo indispensable, estaba una cancha que llamaban El Hueco. Mezcla de terreno baldío con lodo y deshechos, irregularidades que obligaron a Moi a doctorarse en el control de balón. Quien conducía en ese pantano, podía hacerlo en cualquier sitio. En especial él, que jugaba descalzo o con zapatos no deportivos.

Ahí descubrió sus condiciones Iván Guerra, quien sería mucho más que un entrenador. No sólo lo integró a su equipo, sino que le daba para pasajes, uniformes y hasta comida cuando el chico no juntaba las suficientes monedas cuidando coches. De vuelta en casa, el partido seguía en su cabeza. Remataba una bola de trapos a la cocina y saltaba sobre la cama gritando: "¡Goool de Moisés!".

Era delantero como su ídolo, Cristiano Ronaldo, posición que retrasaría hasta instalarse en la media.

Y como volante lo reclutó el Club Independiente del Valle. Su evolución fue perfecta hasta que a los 16 años se fracturó el ligamento cruzado. Vinieron 10 meses de rehabilitación en los que lloraba incierto de si recuperaría su mejor nivel.

Regresó más fuerte y subió un mensaje a Facebook. Posando con sus padres en una terminal de autobuses, escribió: "Algún día estarán orgullosos de mí, se los prometo". Ese día llegó. A los 17 años, mientras brillaba con la sub-20, ganando la Copa Libertadores juvenil, debutó con el equipo mayor. Lo apodaban "Pulpo", por cómo se multiplicaba en aras de la pelota, sorprendidos sus compañeros al verlo quedarse hasta la noche, tras cada sesión, para ensayar trazos largos.

En 2021 el Brighton de la Premier League lo adquiría por cinco millones de dólares. Le costó mucho adaptarse a clima, idioma, cultura, pero tuvo como premio ir a Qatar 2022. La última vez que la selección ecuatoriana había sido mundialista, en 2014, lo vio en las calles de Mujer Trabajadora en el televisor de un vecino. Ahora jugó e incluso anotó.

En 2023 el Chelsea pagó más de 130 millones de dólares por él. Recién presentado en Stamford Bridge, abrazado de su madre, le dijo con ojos cristalinos: los sueños se cumplen. ⚽

MICHAEL OLISE

EL CRACK MULTINACIONAL

El reloj en el coche marcaba ya la hora del inicio del partido y los Olise estaban en el tráfico que rodea al aeropuerto de Heathrow, en la periferia noroeste de Londres. Inimaginable que una mala vuelta bastara para alejarlos tanto de la cancha del Hayes & Yeading United, donde tenía juego el pequeño. Tensión multiplicada en dos idiomas: en francés, cuando el niño se dirigía a mamá, francoargelina; en inglés cuando lo hacía a papá, nigeriano emigrado a Inglaterra.

Llegaron al medio tiempo con el Hayes cayendo por dos goles. Una hora después regresaban entre sonrisas: sólo entrar al campo, Michael anotó triplete para dar la victoria a su equipo.

Se enteraron de esa academia por un periódico que invitaba a chicos de la comunidad a integrarse al recién fundado club. Inscribieron a su hijo conscientes de que dominaba la pelota como nadie en el barrio, pero sin dimensionar la calidad de su zurda. Tanta como para que los visores del Chelsea se aparecieran, convencidos de que se trataba del mayor talento sub-8 del país, y lo incorporaron al proyecto *blue*.

Ser tan superior a los demás se convirtió en un problema. Michael destacaba demasiado y no encontraba incentivo en esforzarse para mejorar. Rehuía el trabajo físico, apoyaba poco en labores defensivas, desobedecía a su entrenador. Pese a ello, resultaba incontenible en gambeta, inteligencia, remate, desequilibrio.

Al cumplir los 14 años, lo dejó ir el Chelsea. Por unas semanas lo probó el Manchester City y también lo rechazó. Pasó seis meses sin equipo. Mientras temía que el tren del futbol se le escapaba, una oportunidad surgió en el humilde Reading. Lo recibieron asumiendo que si pulían su mentalidad, alumbrarían a un tremendo *crack*. En sus primeras prácticas le dio por driblar a todos, hasta que los veteranos del plantel lo pararon a punta de patadas.

Debutó en el Championship, segunda división inglesa, a los 17 años, mas como no se implicaba defendiendo, lo devolvieron al cuadro sub-23. Ese revés lo conminó a cambiar. Madurez, autocrítica, sacrificio, reflejados en su desempeño y que lo llevaron a su elección como mejor futbolista joven de esa liga.

Además, las selecciones menores de Nigeria, Argelia e Inglaterra lo cortejaban, pero acudió a la llamada de Francia.

En 2021 saltó al Crystal Palace e irrumpió en Premier League. Entonces el Chelsea, lamentando su error del pasado, sacó la chequera para recuperarlo, aunque el Bayern se lo quedó. En Alemania brillaría por lo que antes le faltó: disciplina. Sin pisar el futbol francés, se elevaría a figura del representativo galo.

COLE PALMER

GOLES DESDE EL CARIBE

- NACIÓ EL 6 DE MAYO DE 2002
- CAMPEÓN MUNDIAL DE CLUBES EN 2025
- BALÓN DE ORO MUNDIAL DE CLUBES EN 2025
- FUTBOLISTA INGLÉS DEL AÑO EN 2024

arecía como si ese niño vistiera el uniforme de algún hermano mayor. Era la talla más reducida y, aun así, le volaba. Con la camisola ondeando, Cole enfilaba a la portería. Rivales que aparentaban llevarle muchos años se enfurruñaban sin lograr frenarlo. Anotaba otro gol y, fiel a su costumbre, apenas festejaba… si no es que su zapato salía disparado e impactaba en alguien, imposible convencerlo de que se amarrara las agujetas.

En la localidad de Wythenshawe, 12 kilómetros al sur de Mánchester, acompañaba siempre a su papá, Jermaine, a sus partidos con el equipo integrado por asistentes al pub de la esquina. Lo mismo peloteando juntos por las tardes en el Hollyhedge Park,

sesiones en las que su padre le tiraba el balón de mil maneras exigiéndole esforzarse en la recepción: "Antes de aprender a rematar, debes saber controlar", insistía.

Un dúo que intrigaba a los extraños. El cabello rubio y mejillas rosadas del niño contrastaban con la tez morena de Jermaine, de ascendencia en las caribeñas islas de San Cristóbal y Nieves.

Cole adoraba al Manchester United y, en específico, al delantero Wayne Rooney. Pese a ello, cuando los dos clubes de la ciudad detectaron su talento, no dudó en irse al City por un motivo: le ofrecían jugar de inmediato, mientras los *red devils* sólo proponían que entrenara en sus inferiores. Más que portar unos colores, su obsesión era saltar a la cancha.

En la institución *citizen* seguiría goleando sin parar, aunque una preocupación incrementaba a cada año. No crecía y se hacía peligroso exponerlo a duelos con chicos que pesaban el doble. Al escuchar que el City consideraba darlo de baja, dijo desesperado que cambiaría todo por ser más grande. Jermaine le respondió que aprovechara esa desventaja para mejorar su técnica e inteligencia, virtudes que se multiplicarían en cuanto adquiriera más cuerpo. Eso sucedió cuando pasaba de los 17 años y se elevó casi 20 centímetros en menos de dos años.

Pep Guardiola comenzó a contar con él. Cierto día disputó unos minutos en plena Premier League e instantes después metió tres goles con la sub-23. Resultaba tan evidente su calidad como el hecho de que jugaría poco entre tantas estrellas en el City. Para sorpresa de muchos, a los 21 años lo compró el Chelsea por más de 55 millones de dólares, muchísimo dinero por una promesa con mínima experiencia profesional.

Sin embargo, al llegar al cuadro *blue* justificó la cifra. Ahora lo que volaba ya no era el uniforme, sino sus goles y asistencias. Proezas selladas con zapatos que llevan la bandera del San Cristóbal y Nieves de donde emigrara su abuelo. ⚽

JUDE BELLINGHAM

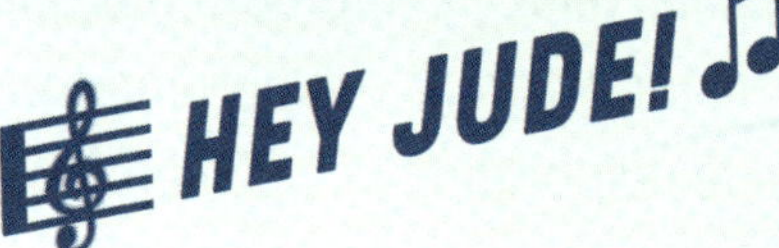

NACIÓ EL 29 DE JUNIO DE 2003

GANADOR DE LA CHAMPIONS LEAGUE EN 2024

SUBCAMPEÓN DE LA EUROCOPA EN 2021 Y 2024

MEJOR JUGADOR DE LA LIGA ESPAÑOLA 2023-2024

BELLINGHAM
10

La doble vida de Mark Bellingham no permitía festejos. Ya podía meter triplete en sus partidos *amateurs* (por algo le apodaban el "Non-League Pele" o "Pelé del futbol no profesional"), en cuanto pitaba el árbitro corría a bañarse y, entre compañeros abriendo cervezas, emergía ya uniformado con ese sobrio gorro azul.

Lo mismo, salía de la cancha si su radio le reportaba un crimen o brindaba primeros auxilios al jugador lesionado de gravedad. En una de esas vidas se consolidó como prestigioso sargento de la West Midlands Police, en la otra vida totalizaría más de 700 goles.

Detrás de la despintada línea de banda, sus hijos, Jude de seis años y Jobe de cuatro, imitaban los remates de papá pateando lo que hallaran tirado sobre el césped. El menor memorizaba alineaciones y nombres de *cracks*, el mayor tardó más en enamorarse del futbol.

En algún momento, tras destacar en otros deportes como críquet, Jude cambió de opinión. El efecto resultó automático. Su coordinación y elegancia de movimientos lo ponían en otra dimensión, técnica tan natural como si en todo trazo justificara su idolatría por Zinedine Zidane.

Armonía apagada cuando los dos Bellingham se enfrentaban en un pequeño jardín ante su casa en Stourbridge, a 15 kilómetros de Birmingham. Duelos épicos en los que era difícil que no terminara en rabia o llanto alguno de los contendientes.

Entonces su madre, Denise, aplacaba el conflicto, hablándoles de valores, decencia, respeto, hasta que los hermanos se abrazaban.

A los ocho años se integró a la cantera del Birmingham City de la que se convertiría en un símbolo. Cada faceta de su juego parecía cincelada cual obra maestra, pero lo más sorprendente era su disciplina. Si observaba a alguien hacer algo, lo entrenaba hasta dominarlo. Polifacético, uno de sus instructores le sugirió vestir la casaca 22, suma de 4, 8 y 10, posiciones que desempeñaba a la perfección. A los 14 años ya brillaba con la sub-18, a los 15 con la sub-23, a los 16 debutó con el primer equipo, etapa que duró 10 meses, suficientes para que el Birmingham retirara su dorsal.

Al ficharlo el Borussia Dortmund, la familia se dividió. Denise se mudó con él a Alemania mientras Mark se quedaba en casa con Jobe. Sacrificio que redituó al ver a Jude jugar con sólo 17 años la Eurocopa con Inglaterra.

Todo lo augurado se cumplió, aunque a un ritmo vertiginoso. Con 20 años se iba al Real Madrid y de inmediato conquistó la Champions League. Ahí portó el cinco de Zidane como siempre soñó. Como añadido, realizando goles a borbotones, tal como el Sargento Bellingham en su carrera *amateur*. ⚽

LAMINE YAMAL NASRAOUI

GENIAL DESDE LA TINA

- NACIÓ EL 13 DE JULIO DE 2007
- CAMPEÓN DE EUROPA CON ESPAÑA EN 2024
- DOS LIGAS DE ESPAÑA
- TROFEO KOPA 2024 Y 2025 AL MEJOR JUGADOR JOVEN

ntre cambios de lentes y pruebas de luz, había un caos alrededor de ese bebé de cinco meses. Su papá, Munir, lo anotó en un sorteo cuyo vencedor posaría con un futbolista del Barcelona para un calendario. El destino quiso que de los cientos de inscritos del barrio de Rocafonda ganara su hijo. Así que ahí estaba el pequeño, manoteando agua en una tina en el vestuario del Camp Nou. Lionel Messi, con escasos 20 años, fue el elegido para la foto. Pese a la timidez del argentino, bastaron algunos consejos de Sheila, madre del niño, para que cargara a la criatura y la sesión prosperara.

El bebé se llamaba Lamine Yamal en gratitud a dos generosas personas que permitieron a ese matrimonio casi adolescente instalarse en una habitación sin cobro de renta. Munir llegó a España de Marruecos y alternaba cuanto trabajo surgiera. Sheila lo hizo desde Guinea Ecuatorial y vendía hamburguesas en un restaurante de comida rápida, donde coincidió con la hija del coordinador del CF La Torreta. Un diálogo entre ellas encendió en Sheila la opción de llevar a su primogénito a jugar ahí, incluido el ofrecimiento de no pagar cuota. Y es que a los cuatro años Lamine no dejaba de patear la pelota ni cuando su mamá compraba el pan.

Lo único a lo que se aferraba más que al balón, era a una vieja bufanda que no soltaba ni en sus primeros partiditos. El club Espanyol se enteró de la magia que realizaba en La Torreta e intentó quedárselo. El Barça apretó justo a tiempo y amarró al talento de siete años.

Antes de cada cotejo no podía faltar el arroz con pollo y salsa de cacahuate que su madre le cocinaba, gusto que se transformó en rutina: tras devorar ese platillo ecuatoguineano, arrollaba en la cancha.

El Barcelona comprendió que debía proteger a un diamante de ese quilataje y planteó a sus padres, para entonces ya divorciados, una idea: que terminada la primaria Lamine Yamal viviera en La Masía, donde alojaba a niños de fuera, para cuidar su alimentación, conducta y estudios.

El desprendimiento lo fortaleció, aunque seguido volvía a Rocafonda para jugar con los amigos. Si impre-siona la casualidad al posar él mismo de bebé con Messi, impresionaría más lo veloz que sucedió todo. A los 15 años, habiendo disputado más temporadas de fut 7 que con equipos de 11 integrantes, debutaba en primera división.

Colectaría récords. Con 16 años ya anotaba un golazo en una Eurocopa a la que entró con una misión adicional: estudiar para graduarse de secundaria.

Goles que festejaría haciendo el número 304, código postal de ese barrio del que salió tan pronto, pero al que siempre pertenecerá. ⚽

Grupos del Mundial 2026

Grupo A
México
Sudáfrica
República de Corea
República Checa/
Dinamarca/Macedonia
del Norte/República de
Irlanda

Grupo B
Canadá
Italia/Irlanda del Norte/
Gales/Bosnia y Herzegovina
Catar
Suiza

Grupo C
Brasil
Marruecos
Haití
Escocia

Grupo D
Estados Unidos
Paraguay
Australia
Kosovo/Rumania/
Eslovaquia/Turquía

Grupo E
Alemania
Curazao
Costa de Marfil
Ecuador

Grupo F
Países Bajos
Japón
Albania/Polonia/
Suecia/Ucrania
Túnez

Grupo G
Bélgica
Egipto
RI de Irán
Nueva Zelanda

Grupo H
España
Cabo Verde
Arabia Saudí
Uruguay

Grupo I
Francia
Senegal
Bolivia/Irak/Surinam
Noruega

Grupo J
Argentina
Argelia
Austria
Jordania

Grupo K
Portugal
RD de Congo/Jamaica/
Nueva Caledonia
Uzbekistán
Colombia

Grupo L
Inglaterra
Croacia
Ghana
Panamá

Calendario del Mundial 2026

Fase de grupos

Jueves, 11 de junio 2026

México vs. Sudáfrica
Grupo A • Estadio Ciudad de México

República de Corea vs. Dinamarca/ Macedonia del Norte/República Checa/República de Irlanda
Grupo A • Estadio Guadalajara

Viernes, 12 de junio 2026

Canadá vs. Italia/Irlanda del Norte/ Gales/Bosnia y Herzegovina
Grupo B • Estadio Toronto

Estados Unidos vs. Paraguay
Grupo D • Estadio Los Ángeles

Sábado, 13 de junio 2026

Catar vs. Suiza
Grupo B • Estadio Bahía de San Francisco

Brasil vs. Marruecos
Grupo C • Estadio Nueva York Nueva Jersey

Haití vs. Escocia
Grupo C • Estadio Boston

Australia vs. Turquía/Rumania/ Eslovaquia/Kosovo
Grupo D • Estadio BC Place Vancouver

Domingo, 14 de junio 2026

Alemania vs. Curazao
Grupo E • Estadio Houston

Países Bajos vs. Japón
Grupo F • Estadio Dallas

Costa de Marfil vs. Ecuador
Grupo E • Estadio Filadelfia

Ucrania/Suecia/Polonia/Albania vs. Túnez
Grupo F • Estadio Monterrey

Lunes, 15 de junio 2026

España vs. Cabo Verde
Grupo H • Estadio Atlanta

Bélgica vs. Egipto
Grupo G • Estadio Seattle

Arabia Saudí vs. Uruguay
Grupo H • Estadio Miami

RI de Irán vs. Nueva Zelanda
Grupo G • Estadio Los Ángeles

Martes, 16 de junio 2026
Francia vs. Senegal
Grupo I • Estadio Nueva York Nueva Jersey
Irak/Bolivia/Surinam vs. Noruega
Grupo I • Estadio Boston
Argentina vs. Argelia
Grupo J • Estadio Kansas City
Austria vs. Jordania
Grupo J • Estadio Bahía de San Francisco

Miércoles, 17 de junio 2026
**Portugal vs. Jamaica/RD de Congo/
Nueva Caledonia**
Grupo K • Estadio Houston
Inglaterra vs. Croacia
Grupo L • Estadio Dallas
Ghana vs. Panamá
Grupo L • Estadio Toronto
Uzbekistán vs. Colombia
Grupo K • Estadio Ciudad de México

Jueves, 18 de junio 2026
**Dinamarca/Macedonia del Norte/
República Checa/República de Irlanda
vs. Sudáfrica**
Grupo A • Estadio Atlanta

**Suiza vs. Italia/Irlanda del Norte/
Gales/Bosnia y Herzegovina**
Grupo B • Estadio Los Ángeles
Canadá vs. Catar
Grupo B • Estadio BC Place Vancouver
México vs. República de Corea
Grupo A • Estadio Guadalajara

Viernes, 19 de junio 2026
Estados Unidos vs. Australia
Grupo D • Estadio Seattle
Escocia vs. Marruecos
Grupo C • Estadio Boston
Brasil vs. Haití
Grupo C • Estadio Filadelfia
**Turquía/Rumania/Eslovaquia/Kosovo
vs. Paraguay**
Grupo D • Estadio Bahía de San Francisco

Sábado, 20 de junio 2026
**Países Bajos vs. Ucrania/Suecia/
Polonia/Albania**
Grupo F • Estadio Houston
Alemania vs. Costa de Marfil
Grupo E • Estadio Toronto

Ecuador vs. Curazao
Grupo E • Estadio Kansas City

Túnez vs. Japón
Grupo F • Estadio Monterrey

Domingo, 21 de junio 2026
España vs. Arabia Saudí
Grupo H • Estadio Atlanta

Bélgica vs. RI de Irán
Grupo G • Estadio Los Ángeles

Uruguay vs. Cabo Verde
Grupo H • Estadio Miami

Nueva Zelanda vs. Egipto
Grupo G • Estadio BC Place Vancouver

Lunes, 22 de junio 2026
Argentina vs. Austria
Grupo J • Estadio Dallas

Francia vs. Irak/Bolivia/Surinam
Grupo I • Estadio Filadelfia

Noruega vs. Senegal
Grupo I • Estadio Nueva York Nueva Jersey

Jordania vs. Argelia
Grupo J • Estadio Bahía de San Francisco

Martes, 23 de junio 2026
Portugal vs. Uzbekistán
Grupo K • Estadio Houston

Inglaterra vs. Ghana
Grupo L • Estadio Boston

Panamá vs. Croacia
Grupo L • Estadio Toronto

**Colombia vs. RD de Congo/Jamaica/
Nueva Caledonia**
Grupo K • Estadio Guadalajara

Miércoles, 24 de junio 2026
Suiza vs. Canadá
Grupo B • Estadio BC Place Vancouver

**Italia/Irlanda del Norte/Gales/
Bosnia y Herzegovina vs. Catar**
Grupo B • Estadio Seattle

Brasil vs. Escocia
Grupo C • Estadio Miami

Marruecos vs. Haití
Grupo C • Estadio Atlanta

**Dinamarca/Macedonia del Norte/
República Checa/República de Irlanda
vs. México**
Grupo A • Estadio Ciudad de México

Sudáfrica vs. República de Corea
Grupo A • Estadio Monterrey

Jueves, 25 de junio 2026
Curazao vs. Costa de Marfil
Grupo E • Estadio Filadelfia
Ecuador vs. Alemania
Grupo E • Estadio Nueva York Nueva Jersey
**Japón vs. Ucrania/Suecia/Polonia/
Albania**
Grupo F • Estadio Dallas
Túnez vs. Países Bajos
Grupo F • Estadio Kansas City
**Turquía/Rumania/Eslovaquia/Kosovo
vs. Estados Unidos**
Grupo D • Estadio Los Ángeles
Paraguay vs. Australia
Grupo D • Estadio Bahía de San Francisco

Viernes, 26 de junio 2026
Noruega vs. Francia
Grupo I • Estadio Boston
Senegal vs. Irak/Bolivia/Surinam
Grupo I • Estadio Toronto

Cabo Verde vs. Arabia Saudí
Grupo H • Estadio Houston
Uruguay vs. España
Grupo H • Estadio Guadalajara
Egipto vs. RI de Irán
Grupo G • Estadio Seattle
Nueva Zelanda vs. Bélgica
Grupo G • Estadio BC Place Vancouver

Sábado, 27 de junio 2026
Panamá vs. Inglaterra
Grupo L • Estadio Nueva York Nueva Jersey
Croacia vs. Ghana
Grupo L • Estadio Filadelfia
Colombia vs. Portugal
Grupo K • Estadio Miami
**RD de Congo/Jamaica/Nueva
Caledonia vs. Uzbekistán**
Grupo K • Estadio Atlanta
Argelia vs. Austria
Grupo J • Estadio Kansas City
Jordania vs. Argentina
Grupo J • Estadio Dallas

Dieciseisavos de final

Domingo, 28 de junio 2026
Partido 73 • 2.º Grupo A vs. 2.º Grupo B
Estadio Los Ángeles

Lunes, 29 de junio 2026
Partido 74 • 1.º Grupo E
vs. 3.º Grupo A/B/C/D/F
Estadio Boston

Partido 75 • 1.º Grupo F vs. 2.º Grupo C
Estadio Monterrey

Partido 76 • 1.º Grupo C vs. 2.º Grupo F
Estadio Houston

Martes, 30 de junio 2026
Partido 77 • 1.º Grupo I
vs. 3.º Grupo C/D/F/G/H
Estadio Nueva York Nueva Jersey

Partido 78 • 2.º Grupo E vs. 2.º Grupo I
Estadio Dallas

Partido 79 • 1.º Grupo A
vs. 3.º Grupo C/E/F/H/I
Estadio Ciudad de México

Miércoles, 1 de julio 2026
Partido 80 • 1.º Grupo L
vs. 3.º Grupo E/H/I/J/K
Estadio Atlanta

Partido 81 • 1.º Grupo D
vs. 3.º Grupo B/E/F/I/J
Estadio Bahía de San Francisco

Partido 82 • 1.º Grupo G
vs. 3.º Grupo A/E/H/I/J
Estadio Seattle

Jueves, 2 de julio 2026
Partido 83 • 2.º Grupo K vs. 2.º Grupo L
Estadio Toronto

Partido 84 • 1.º Grupo H vs. 2.º Grupo J
Estadio Los Ángeles

Partido 85 • 1.º Grupo B
vs. 3.º Grupo E/F/G/I/J
Estadio BC Place Vancouver

Viernes, 3 de julio 2026
Partido 86 • 1.º Grupo J
vs. 2.º Grupo H
Estadio Miami

**Partido 87 • 1.º Grupo K
vs. 3.º Grupo D/E/I/J/L**
Estadio Kansas City

Partido 88 • 2.º Grupo D vs. 2.º Grupo G
Estadio Dallas

Octavos de final

**Partido 89 • Ganador Partido 74
vs. Ganador Partido 77**
Estadio Filadelfia

**Partido 90 • Ganador Partido 73
vs. Ganador Partido 75**
Estadio Houston

Domingo, 5 de julio 2026
**Partido 91 • Ganador Partido 76
vs. Ganador Partido 78**
Estadio Nueva York Nueva Jersey

**Partido 92 • Ganador Partido 79
vs. Ganador Partido 80**
Estadio Ciudad de México

Lunes, 6 de julio 2026
**Partido 93 • Ganador Partido 83
vs. Ganador Partido 84**
Estadio Dallas

**Partido 94 • Ganador Partido 81
vs. Ganador Partido 82**
Estadio Seattle

Martes, 7 de julio 2026
**Partido 95 • Ganador Partido 86
vs. Ganador Partido 88**
Estadio Atlanta

**Partido 96 • Ganador Partido 85
vs. Ganador Partido 87**
Estadio BC Place Vancouver

Cuartos de final

Jueves, 9 de julio 2026
**Partido 97 • Ganador Partido 89
vs. Ganador Partido 90**
Estadio Boston

Viernes, 10 de julio 2026
**Partido 98 • Ganador Partido 93
vs. Ganador Partido 94**
Estadio Los Ángeles

Sábado, 11 de julio 2026
Partido 99 • Ganador Partido 91
vs. Ganador Partido 92
Estadio Miami
Partido 100 • Ganador Partido 95
vs. Ganador Partido 96
Estadio Kansas City

Semifinales

Martes, 14 de julio 2026
Partido 101 • Ganador Partido 97
vs. Ganador Partido 98
Estadio Dallas

Miércoles, 15 de julio 2026
Partido 102 • Ganador Partido 99
vs. Ganador Partido 100
Estadio Atlanta

Partido por el tercer puesto

Sábado, 18 de julio 2026
Partido 103 • Perdedor Partido 101
vs. Perdedor Partido 102
Estadio Miami

Final

Domingo, 19 de julio 2026
Partido 104 • Ganador Partido 101
vs. Ganador Partido 102
Estadio Nueva York Nueva Jersey

Fuente: https://www.fifa.com/es/tournaments/mens/worldcup/canadamexicousa2026. Fecha de consulta: 13/02/2026.

Esta obra se terminó de imprimir
en el mes de marzo de 2026,
en los talleres de Litográfica Ingramex S.A. de C.V.,
Ciudad de México.